Salut! 4

TEXTBOOK

Isabelle Fortanier

Advised by Lucy Hamill

THE EDUCATIONAL COMPANY OF IRELAND

Unité 1

Les jeunes Français d'aujourd'hui, qui sont-ils?
(p 1 à p 16)

Objectifs
- Apprendre à se connaître
- Présenter quelqu'un
- Dire ce que l'on aime/n'aime pas

Thèmes
- Les jeunes Français et leurs opinions

Grammaire
- L'accord de l'adjectif
- Le superlatif
  - le plus
  - le moins
- Verbes + préposition
  Aller au, faire du …
- Poser des questions

Prononciation
- Surprise, surprise

Lecture supplémentaire
- Qui parle français?
- Jean Valjean

Unité 2

Partir à l'étranger
(p 17 à p 38)

Objectifs
- Dire si vous êtes déjà allé en France
- Décrire vos vacances
- Comprendre des jeunes Français qui parlent de leurs vacances
- Donner et comprendre l'âge, l'adresse …
- Epeler
- Parler de votre famille/de vous
- Lire des textes sur les échanges
- Utilisation de tu/vous
- Lire des conseils
- Ecrire une lettre de remerciement

Thèmes
- Les vacances
- Les séjours linguistiques
- Parler une langue étrangère

Grammaire
- Le passé composé (accord être/avoir)
- L'imparfait
- L'adjectif possessif
- Le futur
- En/Au/Aux
- Tu/Vous

Prononciation
- Des sons difficiles (1)

Lecture supplémentaire
- Visiter le Luxembourg
- Jean Valjean, les gendarmes et l'évêque

Unité 3

La télévision
(p 39 à p 60)

Objectifs
- Lire un programme de télévision/l'heure
- Faire des suggestions
- Exprimer ses préférences
- Décrire un film
- Donner son opinion sur des programmes
- Répondre à une enquête
- Faire un projet magazine télé

Thèmes
- Les programmes
- Vous et la télé

Grammaire
- Suggestions
  - on pourrait
  - si l'on regardait
  - regardons
  - je préfère + verbe

Prononciation
- Des sons difficiles (2)

Lecture supplémentaire
- Gérard Depardieu
- Fantine laisse Cosette à la famille Thénardier

Unité 4

La terre en danger
(p 61 à p 84)

Objectifs
- Lire des textes sur l'environnement
- Donner votre opinion/faire des recommandations
- Ecrire une lettre pour demander des informations
- Faire l'analyse d'un texte
- Faire une campagne d'informations

Thèmes
- Votre environnement
- Gaspillage/recyclage

Grammaire
- L'impératif
- Le conditionnel
- Le/la/les pronoms
- Il faut + infinitif

Prononciation
- Les semi-consonnes
- Les consonnes

Lecture supplémentaire
- L'Abbé Pierre
- Le Père Madeleine et son ennemi Javert

Unité 5

Le look
(p 85 à p 108)

Objectifs
- Parler de vos vêtements
- Décrire votre uniforme
- Décrire les styles/modes
- Acheter un cadeau
- Lire des textes à propos du look
- Donner votre opinion à propos de la mode
- Le look et l'hygiène

Thèmes
- Styles/modes
- Les looks et leurs problèmes
- Le look et l'hygiène

Grammaire
- L'adjectif de couleur

Prononciation
- Les consonnes finales

Lecture supplémentaire
- Emmanuelle Béart
- Monsieur Madeleine
- Fantine est arrêtée par Javert

Unité 6

La famille et les jeunes
(p 109 à p 130)

Objectifs
- Parler de vous, de votre famille
- Offrir d'aider quelqu'un (travaux ménagers)
- Donner votre opinion sur l'égalité à la maison
- Répondre à un sondage
- Lire des textes sur la famille en France
- Projet autobiographie

Thèmes
- La jeunesse
- La famille
- Les travaux ménagers
- Les relations parents/ados

Grammaire
- L'adverbe: toujours, jamais, parfois

Prononciation
- Les liaisons

Lecture supplémentaire
- Découvrez la Suisse
- Monsieur Madeleine fait libérer Fantine
- La révélation

Bienvenue à Salut! 4

Nous vous souhaitons une bonne année scolaire en compagnie de Salut! 4. Nous espérons que vous trouverez les thèmes, les textes de lecture, les exercices et les projets intéressants et que ce livre vous permettra de construire de bonnes bases pour votre examen final.

Souvenez-vous que l'on apprend toujours mieux quand on aime ce que l'on fait!

Bon courage

Apprenez à connaître votre livre

8 unités

Ce livre contient 8 unités avec un thème principal par unité. Certains sont nouveaux (la télévision, la terre en danger, partir à l'étranger . . .) d'autres sont des thèmes que vous avez déjà vus, (l'école, le look . . .), mais ils sont exploités différemment pour utiliser ce que vous savez déjà et aussi faire des progrès. Vous trouverez des textes de lecture, des textes sur cassette, des points de grammaire, des exercices, des questions . . . A la fin de chaque unité vous trouverez des exercices de prononciation, deux textes supplémentaires, un texte extrait d'un journal pour les jeunes et un texte littéraire, extrait du roman Les Misérables.

A travers cette sélection nous voulons enrichir votre vocabulaire, votre capacité de compréhension, votre connaissance de la civilisation française et francophone. Ces textes sont des textes authentiques, ils peuvent donc vous paraître difficiles, mais souvenez-vous que vous n'avez jamais à comprendre tous les mots. Certains de ces textes sont lus, à haute voix, sur cassette pour aider votre compréhension.

Vous découvrirez aussi les résultats de plusieurs sondages réalisés en France. Nous espérons que vous pourrez ainsi apprendre à mieux connaitre les Français, leur manière de vivre, et que vous aurez la possibilité de comparer les deux civilisations.

La cassette de l'élève

Pour améliorer votre compréhension, votre prononciation, votre capacité de lecture, nous avons fait une sélection de la cassette du professeur. Pour chaque unité vous avez la possibilité, de réécouter à la maison, des conversations, de faire les exercices de prononciation, d'écouter la lecture de textes longs. Alors, à vos baladeurs!

Objectifs, résumés, et évaluations

Au début de chaque unité vous trouvez la liste des objectifs, cela doit vous permettre de planifier votre travail et de savoir ce que vous allez faire. Les résumés à la fin des unités devraient faciliter vos révisions. Les évaluations, dans le cahier d'exercices, sont des points de réflexion sur la manière dont vous apprenez. Elles sont là pour vous aider à:

développer vos stratégies
devenir plus autonome
trouver et discuter la manière dont vous apprenez le mieux
identifier vos problèmes et en discuter avec votre professeur ou les autres élèves

Portefolio et projet

Dans plusieurs des unités vous êtes invités à faire un projet ou à réaliser une activité que nous vous invitons à mettre dans votre portefolio.
Mais qu'est-ce que votre portefolio?
C'est un moyen de conserver des éléments de votre travail qui peuvent prouver votre capacité à parler, écrire, lire, comprendre le français. Votre portefolio doit être la preuve réelle de votre capacité de communiquer avec des personnes parlant français. Il peut vous être utile pour voir vos progrès et réviser. Il peut vous servir plus tard comme modèle si vous avez à écrire des lettres ou à parler avec des francophones, pour votre travail ou pour vos vacances. Vous pouvez aussi le montrer à un entretien pour un emploi, à un examen oral ... Votre portefolio, c'est plus qu'une note à un examen, puisque c'est l'accumulation d'exemples de votre connaissance du français pour vous et pour les autres.

Les symboles du livre

 cassette

 cassette de l'élève

cahier d'exercices

Salut

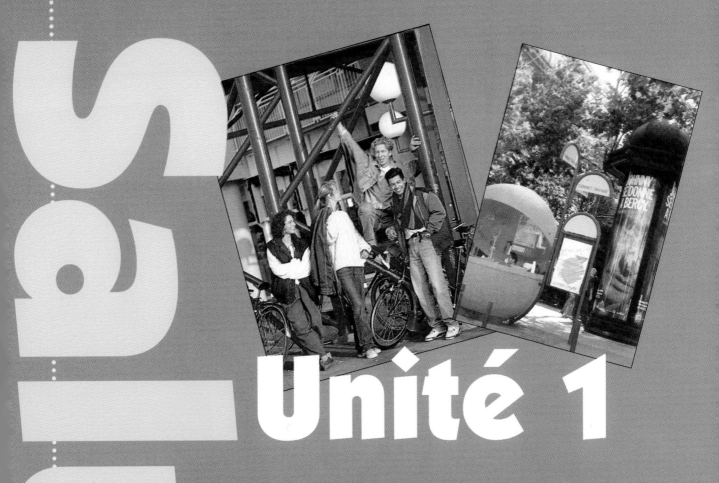

Unité 1

Les jeunes Français d'aujourd'hui
Qui sont-ils?

OBJECTIFS
- Apprendre à se connaître
- Présenter quelqu'un
- Dire ce que l'on aime/n'aime pas

Dans cette unité d'introduction, grâce à un sondage réalisé auprès de jeunes Français de votre âge, vous allez faire connaissance avec cette nouvelle génération. Cette unité est faite pour vous apporter les Français et la France 'sur un plateau' dans votre classe et pour introduire certains des thèmes que vous verrez dans l'année.

Grâce à cette enquête vous allez savoir ce que les jeunes Français pensent de leur vie d'aujourd'hui, ce qui les intéresse, ce dont ils ont peur. Vous verrez comment ils vivent leur jeunesse et comment ils veulent vivre leur futur.

Vous pouvez comparer leurs idées et les vôtres, pour mieux les connaître et pour mieux vous connaître.

Le français est une matière à l'école pour vous, mais cela peut vous permettre de découvrir et de rentrer en contact avec des hommes et des femmes, des jeunes comme vous, toute une culture, une manière de vivre similaire et aussi parfois différente.

| 1 | 1.1 | ## Sondage: Qui sont les jeunes Français? |

- Ecoutez ce journaliste radio commenter les résultats d'un sondage.
- Ecrivez ce qu'il dit en regardant les résultats du sondage.

BONHEUR
Êtes-vous heureux?

Très heureux
26%

Plutôt heureux
58%

Pas vraiment heureux **12%**

Pas heureux du tout **4%**

Menaces sur le monde

Pour vous quelles sont les menaces les plus importantes?

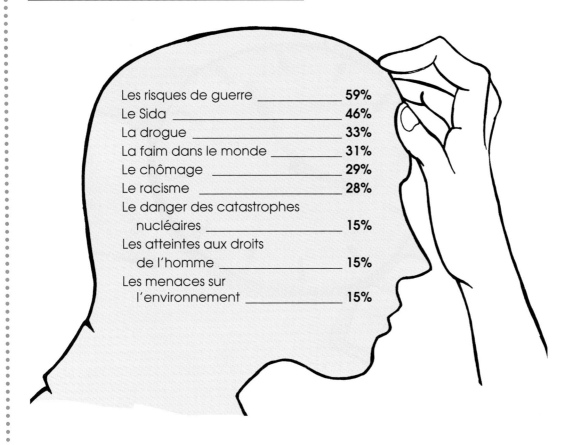

Les risques de guerre	59%
Le Sida	46%
La drogue	33%
La faim dans le monde	31%
Le chômage	29%
Le racisme	28%
Le danger des catastrophes nucléaires	15%
Les atteintes aux droits de l'homme	15%
Les menaces sur l'environnement	15%

Valeurs

Vous aimez ou vous n'aimez pas?

J'aime			J'aime pas
93%	____	Famille ____	5%
92%	____	Solidarité ____	6%
85%	____	Argent ____	12%
75%	____	Travail ____	21%

TEMPS DE VIVRE
Vous êtes d'accord avec quelle phrase?

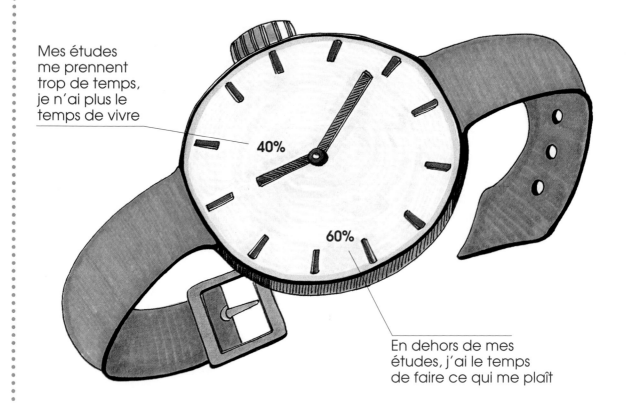

Mes études me prennent trop de temps, je n'ai plus le temps de vivre

40%

60%

En dehors de mes études, j'ai le temps de faire ce qui me plaît

LOISIRS
Quels sont vos passe-temps préférés?

Inviter des amis chez vous (ou aller chez eux)	46%
Aller au cinéma	45%
Faire du sport	40%
Ecouter de la musique chez vous	27%
Aller au café, au restaurant	27%
Aller écouter un concert	20%
Faire de la musique	15%
Lire un livre	15%
Regarder la télévision	12%
Visiter un musée, une exposition	10%
Lire une bande dessinée	5%

ROCK

Quels sont vos groupes
de rock préférés?

Dépêche Mode	**44%**
Mano Negra	**32%**
Patrick Bruel	**30%**
Rolling Stones	**30%**
Johnny Clegg	**19%**
The Cure	**18%**
Rita Mitsouko	**18%**
Prince	**13%**
Public Enemy	**10%**
Noir Désir	**10%**
VRP	**7%**
Metallica	**6%**
Aucun	**6%**

L'AMOUREUX IDEAL

Quelles sont les qualités qui
sont pour vous les plus
importantes chez un
garçon/chez une fille?

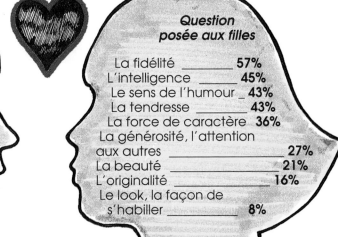

*Question
posée aux garçons*

L'intelligence	**49%**
La beauté	**48%**
La fidélité	**42%**
La force de caractère	**35%**
La tendresse	**33%**
Le sens de l'humour	**33%**
La générosité, l'attention aux autres	**21%**
L'originalité	**19%**
Le look, la façon de s'habiller	**11%**

*Question
posée aux filles*

La fidélité	**57%**
L'intelligence	**45%**
Le sens de l'humour	**43%**
La tendresse	**43%**
La force de caractère	**36%**
La générosité, l'attention aux autres	**27%**
La beauté	**21%**
L'originalité	**16%**
Le look, la façon de s'habiller	**8%**

MARIAGE

Voulez-vous, un jour, vous marier?

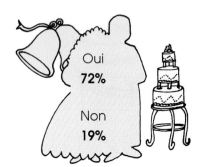

Oui **72%**

Non **19%**

ENFANTS

Voulez-vous avoir, un jour, des enfants?

Oui **87%**   Non **9%**

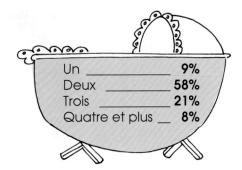

Un _____	**9%**
Deux _____	**58%**
Trois _____	**21%**
Quatre et plus __	**8%**

REUSSIR SA VIE

Qu'est-ce qui est le plus important pour réussir sa vie?

Avoir un métier que l'on aime _____	**62%**
Etre entouré de gens que l'on aime _____	**46%**
Fonder un foyer _____	**31%**
Avoir de l'argent _____	**26%**
Savoir beaucoup de choses _____	**17%**
Avoir du pouvoir _____	**7%**
Etre connu _____	**4%**

DROGUES

Voici un certain nombre de choses.
Dites si vous le faites ou si vous ne le feriez jamais.

	Boire de l'alcool	Fumer des cigarettes	Prendre des drogues dures
Le fait	31%	32%	1%
Ne le ferait jamais	69%	66%	99%

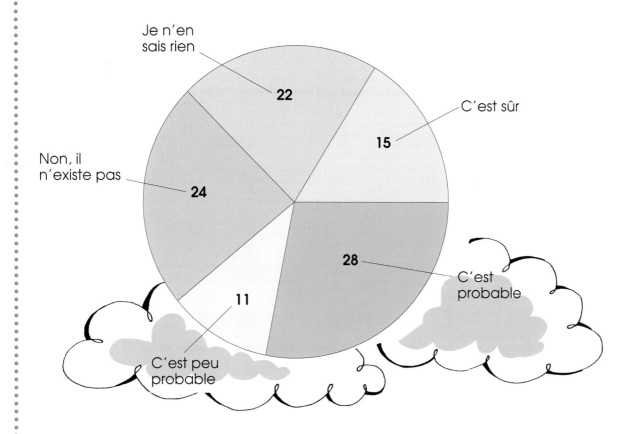

DIEU

Pensez-vous que
Dieu existe?

Je n'en
sais rien

22

C'est sûr

15

Non, il
n'existe pas

24

28

C'est
probable

11

C'est peu
probable

Claudia, Eric et Marie-France

Ecoutez Claudia, Eric et Marie-France vous parler de leurs réponses.
Remplissez leur fiche.

A vous!

Par groupe de deux, remplissez le sondage et apprenez à vous
connaître.

Petites Annonces

- Lisez ces petites annonces et devinez ces abréviations.

  vs / l'h / yx / div / enft / cél / renc / jf / resp

"POUR QUE CE DEBUT D'ANNEE SOIT LE DEBUT DE VOTRE BONHEUR !!"

♥ **DOUCE ET CALINE** Michèle 28 ravissante, div., 1 fillette de 9 ans, elle rêve d'une vraie vie de couple avec un homme (28/40 ans), stable et responsable. **REF.509**

♥ **MINCE, BLONDE AUX YX VERTS**, Sophie, 35 ans, cultivée mais très simple, chaleureuse, désire quitter son célibat et tout partager avec un H. (33/46 ans), complice, sens de l'humour. Elle est directrice communication. **REF. 510**

♥ **C'EST UN GARÇON TENDRE ET RESP.**, 23 ans, seul de la région parisienne, il espère relation de qualité avec 1 jeune fille simple et spontanée, situation et nationalité indifférentes, enft bienv. Il est technicien SNCF **REF.587**

♥ **BRUNE ET SEXY, CHARME ET FEMINITE.** Fanny 40 ans, vs êtes peut-être l'H. (40/50ans) cultivé, chaleur. et sérieux qu'elle attend. Elle est chirurgien dentiste. **REF. 517**

♥ **DE LONGS CHEVEUX CHATAINS**, de beaux yx clairs, Sandra, assistante dentaire, 21 ans, elle espère rencontrer 1 garçon (21/30 ans), sentimental comme elle, tendre et attentionné pour vivre un grand amour.**REF. 534**

♥ **MILITAIRE DE CARRIERE S/OFF** C'est un grand et beau garçon sain et équil., 25 ans, cél., très sentimental, il rêve de renc. une JF (22 ans) jolie et mature pour avenir à 2, enft bienv. **REF.580**

♥ **QU'IMPORTE VOTRE SITUATION** Si vs désirez comme moi mettre fin à votre solitude, je suis peut-être l'homme tendre et sérieux que vs attendez, j'ai 32 ans, suis div., fonctionnaire. **REF.577**

♥ **LA REUSSITE PROFESSIONNELLE** n'est pas tout, 40 ans, sérieux mais pas triste, cél., je désire rencontrer 1 JF (30/40 ans), situation indifférente, féminine, ouverte au dialogue, pour bonheur durable, je suis ingénieur. **REF.579**

Les personnes présentées ci-dessus ne constituent qu'une partie du fichier FELICITAS. Venez vous renseigner pour connaître les nombreuses possibilités et conditions de rencontres éventuelles. • **Ces personnes habitent la région parisienne.**

félicitas
Franchise indépendante
L'INSTITUT PSYCHO - RELATIONNEL
10, rue Sainte Anastase 75003 PARIS
☎ **42.71.25.62**
MINITEL 36-15 Félicitas C 75

BON A DECOUPER (SANS ENGAGEMENT)
❑ Je souhaiterais rencontrer la personne sous n°
❑ Je souhaiterais une sélection personnalisée
Nom .... Prénom ....
Adresse ....
Code postal .... Ville ....
Tél .... Age .... Profession ....

MP 304

- Remplissez ce réseau de mots.

```
         ┌─────────────────┐        ┌────────────────────────┐
         │ les professions │        │ description physique   │
         └────────┬────────┘        └───────────┬────────────┘
                  │                              │
                  │    ┌──────────────────┐      │
                  └────┤ petites annonces ├──────┘
                       └────────┬─────────┘
                                │
                    ┌───────────────────────┐
                    │ description morale     │
                    └───────────────────────┘
```

- Choisissez une de ces petites annonces et expliquez pourquoi?

- Remplissez le 'bon à découper'.

Avez-vous remarqué?

- L'accord de l'adjectif

Nom	Adjectif	Masculin	Féminin
la fidélité	fidèle	il est fidèle	elle est fidèle
l'intelligence	intelligent	il est intelligent	elle est intelligen**te**
la générosité	généreux	il est généreux	elle est généreu**se**

- Le superlatif: le plus/le moins

EXEMPLE   **Les** menaces **les** plus important**es**

La qualité **la** plus important**e**

Attention à l'accord

- Verbes + préposition

EXEMPLE   Je vais **au** café (le café – masculin)

Aller **au** cinéma

Faire **du** sport

Aller **en** boîte

Ecouter **de la** musique

Jouer **de la** musique

à + le	=	**au**
à + la	=	**en**
de + le	=	**du**
de + la	=	**de la**

Superlatifs/Adjectifs

Faites des phrases sur ce modèle.

EXEMPLE   (heureux) + → Elle est la plus heureuse

7   ## Prépositions

Complétez, et expliquez pourquoi.

8   ## Portrait Robot

Sur ce modèle et avec vos réponses, faites votre portrait robot.

> Bonjour, je m'appelle Véronique. J'ai 16 ans. J'habite dans la banlieue de Paris. Voici mes réponses au sondage.
>
> Je suis plutôt heureuse. J'ai beaucoup d'amis et je trouve que la vie est belle.
>
> Pour moi les menaces les plus importantes sont les risques de guerre et le sida.
>
> J'aime ma famille; j'ai un frère et je n'ai pas de soeurs. Mes parents sont super sympas.
>
> En dehors de mes études, j'ai le temps de faire ce qui me plaît.
>
> Je fais un peu de sport et j'aime écouter de la musique. Mon groupe préféré, c'est Dépèche Mode.
>
> Pour moi, la qualité la plus importante chez un garçon est la tendresse. Je veux me marier un jour et je voudrais avoir deux enfants.
>
> Réussir ma vie? Le plus important pour moi c'est d'avoir une famille. Je ne bois pas, je ne fume pas. Je suis sûre que Dieu existe.
>
> Voilà c'est tout pour moi et vous?

Poser des questions

Que remarquez-vous?

Etes-vous heureux?
Vous aimez ou vous n'aimez pas?
Qu'est-ce qui est le plus important pour vous?
Quels sont vos passe-temps préférés?
Quelles sont les qualités…?

1 Pour poser une question dont la réponse est oui/non.

Verbe + pronom personel +…+?   Aimes-tu le coca-cola?

Pronom personel + verbe +…+?   Tu aimes le coca-cola?

Vous pouvez aussi ajouter

**Est-ce que + pronom personel
+ verbe + …?**   Est-ce que tu aimes le
coca-cola?

2 Pronom interrogatif

Pour ne pas faire d'erreur, utilisez ce schéma

où; quand; comment; pourquoi;   **+ verbe + pronom personel**
qui; que; quel(s); quelle(s)

EXEMPLE

où va-t-il?	qui est-il?
quand vient-il?	que veut-il?
comment arrive-t-il?	quels sont-ils?
pourquoi vient-il?	quelles sont-elles?

3 Qu'est-ce que . . .
Qu'est-ce que + pronom + verbe   Qu'est-ce que tu fais?

Des questions

10

Trouvez la/les question(s) à ces réponses.

Les mots

11

Regardez à nouveau le sondage et mettez les mots importants pour
vous dans un réseau de mots.

Prononciation

Evaluation

Résumé

L'accord de l'adjectif

Adjectif	Masculin	Féminin
fidèle	il est fidèle	elle est fidèle
intelligent	il est intelligent	elle est intelligente
généreux	il est généreux	elle est généreuse

Le superlatif

le plus/le moins
le problème **le** plus important
les menace**s** **les** plus important**es**
la qualité **la** plus important**e**

Des questions

1 Verbe + Pronom + ... ?

Pronom + Verbe + ... ?

Est-ce que + Pronom + Verbe + ... ?

oui

non

EXEMPLE

Aimes-tu le chocolat?

Tu aimes le chocolat?

Est-ce que tu aimes le chocolat?

oui

non

2 où
   quand
   comment
   pourquoi   **+ verbe + pronom**
   qui
   que
   quels
   quelles

EXEMPLE

où
quand
comment   arrive-t-il?
pourquoi

3 Qu'est-ce que + pronom + verbe

EXEMPLE   qu'est-ce qu'il pense?

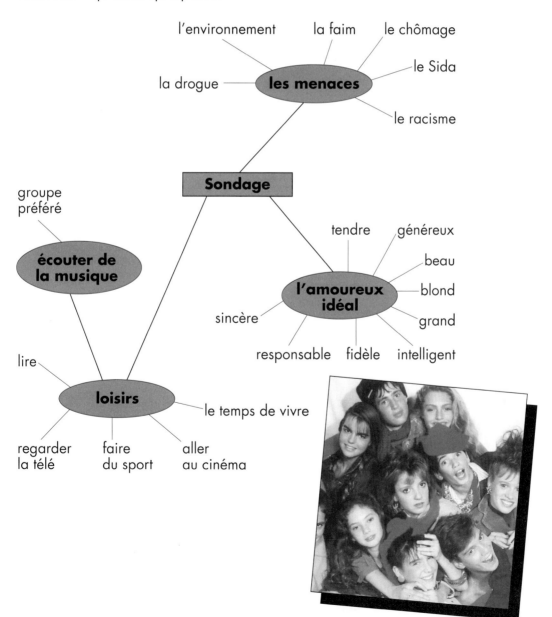

Qui Parle Français?

Trouvez les mots clés qui répondent à la question du journaliste pour chaque paragraphe.

Qui parle Français?

Vous lisez cette page écrite en français? C'est donc que vous êtes 'francophone'. Est-ce si important? Peut-être plus que vous ne le croyez. D'ailleurs, Hélène Dupont a demandé son opinion à André Laraux, historien, écrivain, homme de télévision, académicien, et ancien ministre de la Francophonie.

H. D.: *Combien de gens parlent français dans le monde?*

André Laraux: Environ 170 millions. Actuellement, 41 pays considèrent qu'ils appartiennent à la 'communauté francophone', et ces pays sont sur les cinq continents. Quelques exemples? En Amérique, vous avez Haïti, les Antilles Françaises, le Canada, avec le Québec, en Asie, le Laos, le Viêt-nam, en Océanie, le Vanuata; quant à l'Afrique, c'est là que vous trouvez le plus de francophones: au Maroc, en Côte-d'Ivoire, au Sénégal, à Madagascar. En fait, la majorité des francophones se trouve en dehors de la France. Savez-vous qu'après l'anglais, le français est la langue la plus étudiée dans le monde? Et savez-vous que le français est la langue la plus parlée dans l'Europe des Douze?

H. D.: *Y-a-t-il beaucoup de pays où le français est la seule langue?*

André Laraux: Il y a un seul pays où le français est la seule langue officielle, c'est la France. Tous les autres pays francophones ont d'autres langues officielles. En Belgique, c'est le flamand et l'allemand; en Suisse, l'italien, l'allemand et le romanche; au Canada, l'anglais. La Côte-d'Ivoire a soixante-deux langues, plus le français.

H. D.: *Comment se fait-il que tant de gens parlent français?*

André Laraux: Il ne faut pas se le cacher. A l'origine, le plus souvent ces gens parlent français parce que nous sommes allés chez eux pour coloniser leur pays. Pour le Canada, c'était au 16e siècle; pour l'Afrique, au 19e siècle ... Mais ce qui est étonnant, aujourd'hui, c'est que ces gens non seulement parlent français, mais qu'ils veulent parler français. Regardez l'exemple du Canada. Au 18e siècle, la France a perdu une guerre contre les Anglais, et nous avons dû leur céder le Canada. Alors les gens qui y habitaient sont devenus anglais. Ils devaient parler anglais pour aller à l'école, pour travailler ... Et pourtant, ils ont quand même continué à parler français, réussi à créer des provinces francophones. C'est vraiment merveilleux!

H. D.: *Pourquoi ces gens tiennent-ils à parler français?*

André Laraux: Eh bien, j'ai cherché. Et en voyageant un peu partout dans le monde, peu à peu, je me suis rendu compte que derrière la langue française, il y a une idée que l'on retrouve partout: c'est le fait que la Déclaration des droits de l'homme, écrite lors de la Révolution française, a été rédigée en français! Oui, pour beaucoup de gens dans le monde, le français c'est la langue de la liberté! Et c'est pourquoi ils veulent, aiment parler français.

H. D.: *La langue française, quand elle est parlée ailleurs qu'en France, finit par se modifier. Qu'en pensez-vous?*

André Laraux: Au Canada, les Québécois emploient des mots que nous n'utilisons plus, comme le fameux mot 'char' pour désigner une voiture. Ils étaient à des milliers de kilomètres de la France, alors, quand ils avaient besoin d'un mot nouveau, ils ont inventé. Ils ont créé plein de mots très jolis! Au 17e siècle, le cardinal de Richelieu avait créé l'Académie française pour être gardienne de la langue. L'Académie a rédigé un dictionnaire, et elle le revoit continuellement. Eh bien, maintenant, elle accepte des mots nés ailleurs qu'en France. Le premier a été 'essencerie', un mot sénégalais qui signifie 'station-service'. L'Académie a accepté ainsi quatre-vingts mots nés en Suisse, en Belgique, au Canada, en Afrique ...

H. D.: *En fait, qu'est-ce que cela change pour nous que d'autres gens parlent notre langue?*

André Laraux: Cela veut dire avant tout que nous ne sommes pas seuls. Nous avons des frères, des cousins, de la famille, un peu partout dans le monde. Le 21 mars, chaque année, c'est le jour de la Francophonie, à travers le monde. Cette année, ce jour-là, j'étais dans des écoles, dans la ville de Strasbourg. J'étais heureux de penser à tous ces jeunes d'Afrique, du Laos, du Canada, et de tous les pays Francophones du monde ... tous ces jeunes à la peau de différentes couleurs noire, jaune ou blanche, qui, le même jour, réfléchissaient à la langue française que nous avons en commun.

H. D.: *Quelle importance la Francophonie a-t-elle pour les jeunes, pour leur avenir?*

André Laraux: Ils doivent savoir deux choses qu'il existe un vaste espace francophone, avec des pays riches, avec d'autres pays moins riches, où on attend notre solidarité. Que la langue française est bien vivante, qu'elle est belle et noble. Le moment est venu d'aller dans les autres pays francophones pour travailler, coopérer avec eux, fraterniser. Il faut apprendre à se connaître, à se comprendre, il faut s'unir.

| 1.4 | ## Les Misérables |

Voici des extraits d'un des romans français les plus célèbres, écrit par Victor Hugo, Les Misérables. A travers ces extraits et les résumés vous ferez connaissance avec les personnages principaux et le début de l'histoire. Ne cherchez pas à comprendre tous les mots, essayez seulement de comprendre l'histoire.

Ces questions sont là pour vous aider à comprendre la texte.

- Combien y-a-t-il de personnages?
- Trouvez leur nom.
- D'après vous qui est le personnage principal? Pourquoi?
- Que veut Jean Valjean?
- Résumez son histoire.
- Que pensez-vous de ces phrases, à votre avis sont-elles: ironiques? amusantes?
  'J'ai voulu coucher sur la paille ... qui j'étais.'

La porte s'ouvre … Elle s'ouvre, toute grande, poussée avec force. Un homme entre. Cet homme, nous le connaissons déjà. C'est le voyageur que nous avons vu tout à l'heure arriver à Digne.

Il entre, fait un pas, et s'arrête, laissant la porte ouverte derrière lui. Il a son sac sur l'épaule, *son bâton* à la main, l'air fatigué et décidé à la fois. Le feu de la cheminée l'éclaire.

L'évêque regarde l'homme d'un oeil tranquille. Il ouvre la bouche, sans doute pour demander au nouveau venu ce qu'il désire. Au même moment, cet homme pose ses deux mains à la fois sur son bâton, promène son regard tour à tour sur le vieil homme et les femmes et dit d'une voix forte:

'Voici. Je m'appelle Jean Valjean. J'ai passé dix-neuf ans en prison. Je suis libre depuis quatre jours et je vais à Pontarlier. Aujourd'hui, j'ai fait trente-six kilomètres. Ce soir, en arrivant dans ce pays, j'ai été dans un hôtel; on m'a renvoyé. J'ai été à un autre hôtel; on m'a dit: 'Va-t'en!' Personne n'a voulu de moi. J'ai été à la prison. On ne m'a pas ouvert. J'ai voulu coucher sur *la paille* d'un chien. Le chien m'a *mordu* et m'a chassé comme s'il était un homme. On dirait qu'il savait qui j'étais. Je suis allé dans les champs. Il n'y avait pas d'étoiles. J'ai pensé qu'il pleuvrait et qu'il n'y aurait pas de bon Dieu pour empêcher de pleuvoir. Je suis rentré dans la ville pour coucher le long d'une porte. Une bonne femme m'a montré votre maison, et m'a dit: *'Frappe là.'* J'ai frappé. Qu'est-ce que c'est ici? Etes-vous un hôtel? J'ai de l'argent. Cent neuf francs. Je les ai gagnés en prison par mon travail, en dix-neuf ans. Je paierai. Qu'est-ce que cela me fait? Je suis très fatigué. J'ai faim. Voulez-vous que je reste?

'Madame Magloire,' dit l'évêque, 'vous mettrez une assiette de plus.'

L'homme fait trois pas vers la lampe sur la table. 'Tenez,' répond-il comme s'il n'a pas bien compris, 'ce n'est pas ça. Avez-vous entendu? Je suis un ancien prisonnier. Je sors de prison.' Il tire de sa poche une grande feuille de papier. 'Voilà *mon permis* de voyage. Je dois le montrer dans toutes les mairies des villes où je m'arrête. Cela sert à me faire chasser de partout où je vais. Voulez-vous lire? Tenez, voilà ce qui est écrit: 'Jean Valjean, libre, né à … est resté dix-neuf ans prisonnier. Cinq ans pour *vol*. Quatorze ans pour avoir essayé de se sauver quatre fois. Cet homme est très dangereux.' Voilà. Tout le monde m'a jeté dehors. Voulez-vous me recevoir, vous? Est-ce un hôtel? Voulez-vous me donner à manger et à coucher?

'Madame Magloire,' dit l'évêque, 'vous mettrez des *draps* blancs au lit de la chambre d'amis.' Puis, il se tourne vers l'homme. 'Monsieur, asseyez-vous et chauffez-vous,' dit-il. 'Nous allons bientôt dîner. On fera votre lit pendant ce temps.'

'Vous pouviez ne pas me dire qui vous étiez,' reprend l'évêque. 'Ce n'est pas ici ma maison, c'est la maison de Jésus-Christ. Cette porte ne demande pas à celui qui entre s'il a un nom, mais s'il a *un malheur*. Vous souffrez! Vous avez faim et soif! Soyez le bienvenu.'

Tout jeune, Jean Valjean a perdu sa mère et son père. Sa mère est morte d'une fièvre mal soignée. Son père s'est tué en tombant d'un arbre. Il est resté seulement à Jean Valjean une soeur plus âgée que lui, avec ses enfants. Cette soeur élève Jean Valjean. A la mort de son mari, Jean le remplace. Il a alors vingt-quatre ans et les enfants de sa soeur ont de huit à un ans.

Il gagne quelque argent à couper les arbres, puis comme *moissonneur*. Sa soeur travaille de son côté, mais que faire avec sept petits enfants? Le malheur vient sur eux. Un hiver plus froid que les autres, Jean reste sans travail. La famille n'a pas de pain et il y a sept enfants.

Un dimanche soir, Maubert Isabeau, boulanger sur la place de l'Eglise à Faverolles, va se coucher quand il entend en bas un coup dans la vitre de sa boutique. Il arrive à temps pour voir un bras passer à travers un trou fait d'un coup de poing. Le bras prend un pain et l'emporte. Isabeau sort vite et arrête le voleur. Celui-ci a jeté le pain, mais il a encore le bras en sang. C'est Jean Valjean. Cela se passe en 1795. Jean Valjean est condamné à cinq ans de prison …

le bâton – *stick*; l'évêque – *bishop*; la paille – *straw*; mordre – *to bite*; frapper – *to knock*; un permis – *licence*; un vol – *theft*; un drap – *sheet*; le malheur – *misfortune*; un moissonneur – *harvester*.

LES MISERABLES TOME 1 – FANTINE: Adaptation en français facile par P de BEAUMONT © Hachette.

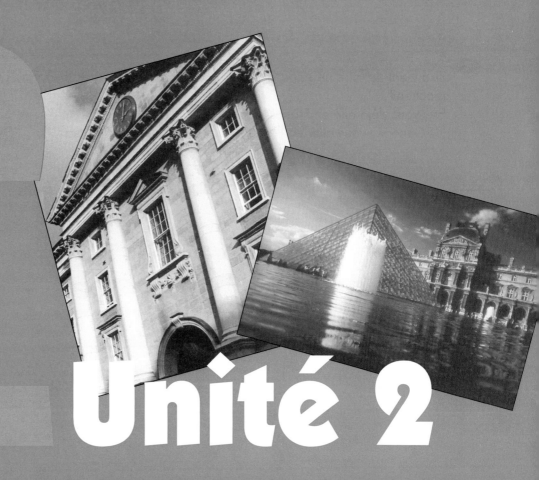

Unité 2

Partir à l'étranger

OBJECTIFS
- Dire si vous êtes déjà allé en France
- Décrire vos vacances
- Comprendre des jeunes Français qui parlent de leur vacances
- Donner et comprendre l'âge, l'adresse...
- Epeler
- Parler de votre famille/de vous
- Lire des textes sur les échanges
- Utilisation de tu/vous
- Lire des conseils sur se faire comprendre et parler
- Ecrire une lettre de remerciement

Une rentrée difficile

 Elsa vient de faire un séjour linguistique. Lisez la bande dessinée, que pensez-vous de sa réaction?

Etes-vous déjà allé en France? Comment?

Où aimeriez-vous aller en France? Comment?

boîte à outils	
Passé composé/imparfait	Conditionnel
Je suis allé(e) …	J'aimerais…
J'ai été à Paris …	Je voudrais…
J'étais dans une famille …	

Leurs vacances

Qu'est-ce qu'ils ont fait pour les vacances?
Notez où ils sont allés, comment et avec qui.

3
Le passé composé et l'imparfait (révision)

Formation du passé composé

Avoir/être + Participe Passé

EXEMPLE

- Je suis allé(e) en Irlande.
- J'ai fini mes vacances.
- Je suis parti(e) en avion.
- J'ai perdu mon passeport.

Le participe passé des verbes réguliers

écout**er** ➡ écout**é**
fin**ir** ➡ fin**i**
vend**re** ➡ vend**u**

EXEMPLE

- J'ai écout**é** la cassette de l'élève.
- Je suis all**é** en vacances en Grèce.
- J'ai fin**i** mon travail.
- Je suis part**i** en Italie.
- J'ai vend**u** ma mobylette.
- Je suis reven**u** au mois d'août.

Quelques verbes irréguliers

	faire (to do)	→	fait
	avoir (to have)	→	eu
	prendre (to take)	→	pris
	voir (to see)	→	vu
Avoir +	lire (to read)	→	lu
	boire (to drink)	→	bu
	mettre (to put)	→	mis
	devoir (to have to)	→	dû
	écrire (to write)	→	écrit

NOTE: **-i, -is, -it** are all pronounced the same. The **s** and the **t** are not pronounced.

Le passé composé avec avoir
Que remarquez-vous?

Elise   – Qu'est-ce que **tu as regardé** à la télé hier soir?
Marie o **J'ai regardé** l'émission de Pierre Beland.
Elise   – Ah ouais, moi aussi **je l'ai regardée**. C'était très intéressant.

With **avoir** there is no agreement with the subject,
     EXEMPLE Elle a regardé l'émission
but there is agreement if the direct object is placed in front of the verb.
     EXEMPLE Elle **l'**a regard**ée** (**l'** = émission, féminin)

Le passé composé avec être
Que remarquez-vous?

Pierre **est allé** en Grèce.
Elise **est allée** en Grèce.
Pierre et Elise **sont allés** en Grèce.
Elise et Marie **sont allées** en Grèce.

With **être** there is agreement with the subject.
     Add **e** ➡ elle
     Add **es** ➡ elles
     Add **s** ➡ ils

NOTE: the masculine 'takes over' the feminine.

EXEMPLE Pierre et Elise = ils ➡ **s** only

ATTENTION

When you write the participe passé of a verb that uses être in the passé composé you have to be careful of a possible agreement of the participe passé.

EXEMPLE

Elise est all**ée** en Allemagne.
Jean est all**é** en France.
Ils sont par**tis** en avion.
Elles sont par**ties** en bateau.

These verbs take **être**:

aller	→	allé	venir	→ venu
arriver	→	arrivé	partir	→ parti
entrer	→	entré	sortir	→ sorti
monter	→	monté	descendre	→ descendu
rester	→	resté	tomber	→ tombé
rentrer	→	rentré	revenir	→ revenu
naître	→	né	mourir	→ mort

Reflexive verbs always take **être.**

EXEMPLE   se lever / se coucher

Je **me suis levé(e)** à 7 heures.
Elle **s'est couchée** à 10 heures.

Formation de l'imparfait

aimer: aim–
finir: fin– iss **– ais – ais – ait – ions – iez – aient**
vendre: vend–

You use the passé composé to talk about factual events that happened in the past while you use the imparfait for description of the fact.

EXEMPLE

Je suis parti(e) à 10 heures du soir, j'étais fatigué(e).

Faites des phrases

Faites autant de bonnes phrases que possible.

Caroline	sont partis	en Espagne
Ils Je	est allée	au Brésil
		de super vacances
Marie, Pierre et Claude	sommes revenus	
Nous	ont passé est venue	en Grèce en train
Ma mère	suis allé(e)	à Nice

5 **Avoir**

Faites l'accord si nécessaire.

6 **Complétez**

Complétez cette lettre avec le passé composé ou l'imparfait.

7 **Vos vacances**

Ecrivez un petit paragraphe au passé composé/à l'imparfait en parlant de vos dernière vacances.

8 **En – Au – Aux**

- Avant de compléter ce texte avec la préposition, cochez les cases.
- Réécrivez la règle de grammaire.

Les cartes postales d'Elsa

- Comment sont les vacances d'Elsa au début? A la fin?
- D'après vous qui est Pierre?

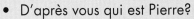
BEAUTIFUL IRELAND

Dublin, 5 juillet

Salut Pierre,
Je suis bien arrivée à
Dublin hier soir. La
famille est sympa
mais je déteste les cours
et il ne fait pas beau
Tu me manques beaucoup
~~beaucoup~~ A bientôt

Elsa

Pierre Leluc
38 rue des Lilas
75 500 Paris
France

GEORGIAN DUBLIN: Dublin, the capital of Ireland is ... River Liffey at the foot of the Wicklow ... features of this beautiful ... public buildings ... (approx. 18th ...)

Dublin, 12 juillet

chère Cathy,
C'est horrible, je déteste
mes vacances. Il pleut, il
pleut, il pleut. les garçons
ici sont beaux mais je ne
comprends rien à leur anglais!
Je n'ai pas encore de "boyfriend"
Je vais à toutes les "discos"
    A bientôt, encore 15 jours!

Elsa

Cathy Dugrand
27 boulevard Hugo
95000 Fleuries
France

G.P.O., O'CONNELL STREET, DUBLIN: O'Connell Street is Dublin's main thoroughfare and one of the widest streets in the world. The General Post Office was completed in 1818 from designs by Francis Johnston. Built of granite it has a grand Ionic Portico of Portland stone consisting of six fluted columns. The pediment is surmounted by statues representing Hibernia, Mercury and Fidelity. It was here that the Republic of Ireland was proclaimed in 1916 when the building was the head-quarters of the Irish Volunteers.
Printed and Published by John Hinde Limited, Cabinteely, Dublin 18, Ireland. ©

Dublin, 17 juillet

2/862

Salut Elise,
Ici tout va bien! J'ai
un "boyfriend" super, on
sort tous les soirs et
on fait du shopping! Je
suis super forte en
anglais, malheureusement
je pars bientôt. Je te
raconterai tout. Bisous Elsa.

Elise Bon
41 rue du clos
92 000 La jolie
France

IRELAND: The unique beauty of Ireland's landscape and its rich historic, literary and artistic associations have long made it a favourite resort of tourists. Encompassing a wealth of natural beauty within its modest dimensions, Ireland boasts a landscape which is as much diverse as it is gratifying. The scenic grandeur is set off by Ireland's position. Standing in the path of both the prevailing westerly winds of the Atlantic and the warming currents of the Gulf Stream, Ireland enjoys an equable climate which gives the country its unique fresh appearance.
Printed and Published by John Hinde Limited, Cabinteely, Dublin 18, Ireland. ©

Lisez ce texte. Quelle est la formule qui vous conviendrait le mieux?
Pourquoi?

Que veut dire
- un séjour classique?
- un séjour intensif?
- un séjour immersion?

PRATIQUE SEJOURS

LINGUISTIQUES COMMENT CHOISIR

TROUVEZ LA FORMULE QUI VOUS CONVIENT

'Je pars pour améliorer mon niveau.'

Vous avez raison de faire un séjour linguistique. Car si vous voulez vous amuser entre copains, allez faire du camping dans les Pyrénées. Si vous partez pour la première fois faites un séjour 'classique', cours le matin, activités l'après-midi (sport ou excursion), dîner et conversation en famille le soir. On ne s'ennuie pas, et on enrichit son bagage linguistique.

'Je veux des vacances studieuses et être prêt pour mes examens.'

Choisissez les stages 'intensifs' que proposent plusieurs organismes. Petits groupes, cours le matin et l'après-midi: une préparation efficace et ... fatigante!

'Je ne veux pas de cours, ça rappelle trop l'école! Et je ne veux pas être tenté de parler français.'

Le séjour 'immersion' est fait pour vous. Seul, dans une famille, vous serez obligé de parler. On peut aussi pratiquer un échange avec un correspondant. Mieux vaut alors rester au moins trois semaines. Inconvénient: quand on n'a pas de bases solides, on risque de faire toujours les mêmes fautes.

Qu'est-ce qu'ils font pour les vacances?

Notez où ils vont.

Allô

L'organisatrice de cet organisme d'échange téléphone aux familles d'accueil pour leur décrire le jeune étranger qui restera avec eux cet été.
Faites correspondre les conversations et les fiches.

A

Nom	Buckley
Prénoms	Gerard, Frank
Age	15
Nationalité	Irlandais
Adresse	Rockfield Road, Dublin
Passe-temps	Tennis, Golf
Date d'arrivée	12 juillet
Date de départ	26 juillet

B

Nom	O'Leary
Prénoms	Aidan, Padraig
Age	17
Nationalité	Irlandais
Adresse	23 Villa Park, Waterford
Passe-temps	Natation, Voile
Date d'arrivée	10 août
Date de départ	25 août

C

Nom	McHugh
Prénoms	Brigid Linda
Age	16
Nationalité	Irlandaise
Adresse	130 Cherrywood, Limerick
Passe-temps	Danse, Athlétisme
Date d'arrivée	16 juillet
Date de départ	31 juillet

D

Nom	Roche
Prénoms	Mary Eleanor
Age	15
Nationalité	Irlandaise
Adresse	Willow Drive, Dun Laoghaire
Passe-temps	Judo, Natation
Date d'arrivée	2 août
Date de départ	27 août

13   **Fiche d'identité**

Vous allez partir en échange, on vous demande de remplir une fiche.

14   2.5   **L'alphabet**

Ecoutez et répétez l'alphabet puis épelez les noms suivants.

Cummins	Fagan	Hetherington
Sheedy	Whyte	O'Grady
	Mac Guinness	

- Epelez votre nom.

15   **Publicités**

Regardez et lisez rapidement ces publicités d'organismes de séjours linguistiques puis répondez aux questions.
- Quel organisme offre des séjours pour les moins de 11 ans?
- Quel organisme offre des cours pour adultes?
- Quel organisme offre des séjours en Irlande?
- Quels sont les organismes qui vous proposent de passer un an à l'étranger?
- Quel organisme offre des échanges?

L'échange individuel

- Quels sont les trois avantages de partir en échange individuel?
- Qu'est-ce que vous devez payer?
- Qu'est-ce qui est pris en charge par la famille d'accueil?
- Qu'est-ce que vous devez faire en échange?

Le moyen le plus efficace pour parfaire ses connaissances d'une langue, c'est l'immersion totale en milieu adéquat. Traduisez les séjours dans une famille ou encore plus simplement les 'échanges individuels'.

COMMENT **PARTIR À L'ÉTRANGER** EN 'ÉCHANGE INDIVIDUEL'

Premier avantage de ce style de séjour: l'aspect financier. En effet, sauf frais de voyage et d'assurance, vous serez entièrement pris en charge par la famille d'accueil. Nourriture, hébergement et blanchissage compris. Deuxièmement; ce genre de séjour permet l'intégration parfaite au sein de la famille d'accueil.

L'échange se fait de la façon suivante. Vous allez trois semaines à des dates précises dans une famille. En retour la famille enverra l'un de ses enfants chez vous dans votre famille pour une durée de vacances similaire à la vôtre. Nombre d'organisations s'occupent de la préparation de tels séjours.

Les prix peuvent bien sûr varier d'un organisme à l'autre: soyez vigilant, renseignez-vous et faites jouer la concurrence.

Premier contact

Lisez la fiche d'informations sur la famille Canac. Imaginez que c'est
votre famille d'accueil en France. Ecrivez une lettre en:

- vous présentant (nom, .../âge)
- parlant de votre famille (frères/soeurs/parents)
- parlant de vos passe-temps
- disant pourquoi vous voulez aller en France
- disant ce que vous aimeriez faire/visiter.

Langue Europe 37 Emile Zola, 75 Paris Cedex

Monsieur et Madame Canac
42 Rue des Violettes 33000 Bordeaux
Tél: 41-51-32-12

2 enfants Elise (14), Jean-Paul (16)
Aiment aller à la plage
faire de la voile
faire du tennis
Femme au foyer (elle)
Comptable (il)

Aimeraient vous accueillir pour l'été (3 semaines en juillet).
Veulent connaître votre pays/culture et vous faire connaître la leur.

Situations

- Ecoutez ces situations typiques de l'arrivée et du séjour d'un étudiant dans une famille en France. Faites-les correspondre avec les titres suivants.

A L'arrivée

B Présentation

C Visite de la maison

D A table

E Activités

F Je ne comprends pas

G Aider

H Je voudrais…

- A vous!
  En groupe de cinq recréez ces situations à l'aide des fiches d'identité et du réseau de mots.

- Tu es Monsieur Dutron
- Comptable
- Tennis, Lecture

- Tu es Madame Dutron
- Femme au foyer
- Tennis, Lecture, Télévision

- Tu es Eric (fils)
- 16 ans
- Natation
- Tennis, Télévision, Lecture

- Tu es Pat
- 15 ans
- Tennis, Judo
- Tu es l'étudiant

- Tu es Elise
- 14 ans (fille)
- Jeux d'ordinateur, Tennis, Natation

29

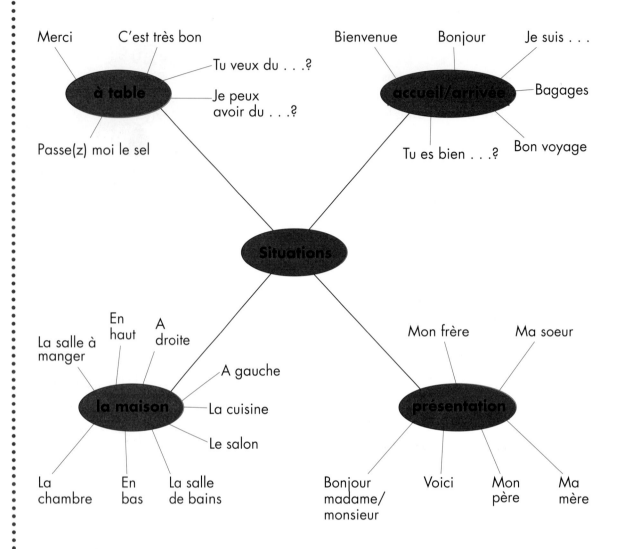

Le pronom possessif s'accorde avec le nom auquel il se rapporte.

Masculin	Féminin	Pluriel
Mon	Ma	Mes
Ton	Ta	Tes
Son	Sa	Ses
Notre		Nos
Votre		Vos
Leur		Leurs

EXEMPLE

c'est ta chambre (une chambre)
c'est ton sac (un sac)
ce sont tes bagages (un bagage)

Remember: You can use **tu** with the young people even if you don't know them while you would use **vous** with the parents of the family.

| 19 | | **Faites correspondre** |

| 20 | | **Complétez** |

| 21 | | **Tu ou Vous** |

Il est parfois difficile de savoir si l'on doit utiliser **tu** ou **vous**.

Vous pouvez utiliser **tu** avec les jeunes de votre âge ou plus jeunes, et utiliser **vous** avec les adultes.
S'ils vous disent **tu peux me 'tutoyer'** alors utilisez **tu**.
En utilisant **vous,** vous ne ferez pas de faute 'd'étiquette'. **Vous** est souvent une marque de respect, de politesse.

Regardez ces situations, est-ce que les gens utilisent **tu/vous**

- entre parents et enfants?
- entre amis du même âge?
- avec les grand-parents?

élèves	– avec les professeurs?
parents	– avec les professeurs?
jeunes	– avec des adultes dans la rue?
adultes	– avec des adultes inconnus dans la rue?
jeunes	– avec un vendeur dans un magasin?
adultes	– avec un vendeur dans un magasin?

| 22 | 2.7 | **Séjours linguistiques** |

Ces jeunes Français sont dans des familles en Irlande. Ecoutez et remplissez la grille.

- Avant de lire ce texte assez long et difficile regardez les titres et devinez de quoi parle chaque paragraphe.
- Lisez et écoutez les paragraphes et vérifiez votre idée.
- Quelles sont les bonnes/mauvaises idées, à votre avis, pourquoi?
- Quelles sont les idées qui peuvent vous aider en classe de français?

VACANCES À L'ÉTRANGER:
OSEZ PARLER!

Saviez-vous qu'on parle trois mille langues et neuf mille dialectes dans le monde? Vous, plus modestement, vous parlez anglais, irlandais, et un peu de français. Demain, vous partez pour la France. Vous paniquez un peu? Voici quelques conseils.

PENSEZ AU MATÉRIEL DE POCHE

Petit matériel de poche: un mini-dico avec, sur la première page, votre nom, l'adresse et le numéro de vos hôtes.

PLONGEZ DANS LE BROUILLARD DES MOTS

Au début, vous aurez l'impression d'être plongé dans le brouillard. Vous entendrez des sons incompréhensibles, comme de la musique. C'est normal! Puis, peu à peu, vous comprendrez un mot ou deux. Assez pour comprendre qu'on vous parle du programme de la télé et pas de votre petit déjeuner.
Très vite, vous repèrerez quelques mots en plus. En huit jours, vous serez capable de suivre, en gros, le sens d'une conversation.

APPRENEZ VITE AVEC LA TÉLÉVISION

Regarder la télé est, pour une fois, tout à fait recommandé! Regardez reportages sportifs et documentaires: les images vous aident à comprendre.

MIMEZ VOS PHRASES

Avant le grand départ, faites ce jeu: silence absolu! Pas un mot, et obligation de parler par gestes. Vous verrez que, pour mimer, 'Passe-moi le sucre' ou 'Qui vient à la piscine avec moi?', c'est facile et amusant.
Vous avez deviné la morale de l'histoire? Quand vous serez en France, si les mots vous manquent, mimez.

COMPLIMENTEZ SANS VOUS LASSER

Faire une petite liste des mots agréables à dire. Par exemple: c'est très bon, j'aime ça. Vos hôtes aimeront sûrement beaucoup vos compliments.

REGARDEZ LES MAGAZINES

Les journaux en langue étrangère, c'est difficile à comprendre. Plus amusant: regardez des magazines avec votre copain étranger. Il vous parlera de ses stars chéries de rock, de ses vedettes adorées de télé ou de sport.

NE VOUS LAISSEZ PAS PIEGER

Ne pas s'étonner si on ne vous comprend pas alors que vous êtes sûr d'être très clair, pensez qu'un mot écrit et le son sont parfois différents. Si vous avez une hésitation sur un mot, écrivez-le et demandez gentiment qu'on 'vous' le prononce plusieurs fois. Vous ne l'oublierez plus!

Le futur

Voici des verbes extraits du texte 'Osez parler'.

Vous aurez

Vous entendrez

Vous repèrerez

Il parlera

Vous serez

Vous verrez

Vous comprendrez

Ils aimeront

- Trouvez l'infinitif de ces verbes au futur. Que remarquez-vous?
- Faites correspondre les personnes et les terminaisons.

Il/elle	ai
Vous	as
Je	a
Tu	ons
Ils/elles	ez
Nous	ont

- Que remarquez-vous à propos des terminaisons du futur?

Récapitulons!

Le futur s'emploie quand vous voulez parler d'un événement qui n'est pas encore arrivé.
On ajoute **ai as a ons ez ont** à l'infinitif des verbes.

J'aimer-ai aller au cinéma.

Tu choisir-as un cadeau.

Il prendr~~(e)~~-a l'avion.

Les verbes irréguliers

Les terminaisons des verbes irréguliers sont les mêmes, c'est le radical (stem) qui est irrégulier.

être	– je ser-ai	envoyer	– j'enverr-ai
avoir	– j'aur-ai	voir	– je verr-ai
aller	– j'ir-ai	pouvoir	– je pourr-ai
venir	– je viendr-ai	faire	– je fer-ai
devoir	– je devr-ai		

NB   Vous pouvez utiliser le présent ou aller au présent + verbe à l'infinitif pour exprimer l'idée de futur.

EXEMPLE   Cet été il va en Irlande.

Il va aller en Irlande.

| 25 | 2.9 | ## Le programme du voyage |

Ecoutez l'organisatrice de ce voyage organisé parler du programme
des visites.
Notez les verbes au futur.

| 26 | | ## Faites des phrases |

Regardez ce programme et écrivez un paragraphe au futur.

EXEMPLE
   Demain ils iront visiter Christchurch.

Dimanche	15 juillet	arrivée.
	16 juillet	visite de Christchurch.
	17 juillet	Trinity College/Book of Kells, shopping.
	18 juillet	Glendalough (Bus).
	19 juillet	départ à Ennis/Galway.

| 27 | | ## Merci |

Ecrivez une lettre de remerciement à la famille qui vous a accueilli.

- Say you have arrived back home.
- Thank them.
- Say you had a wonderful time.
- Say you loved playing tennis with their son (Paul) and you loved the food.
- Say you hope to go back to France next year.
- Say you would love to see them again.
- Say you will write again.

| 28 | 2.10 | ## Prononciation |

Evaluation

Résumé

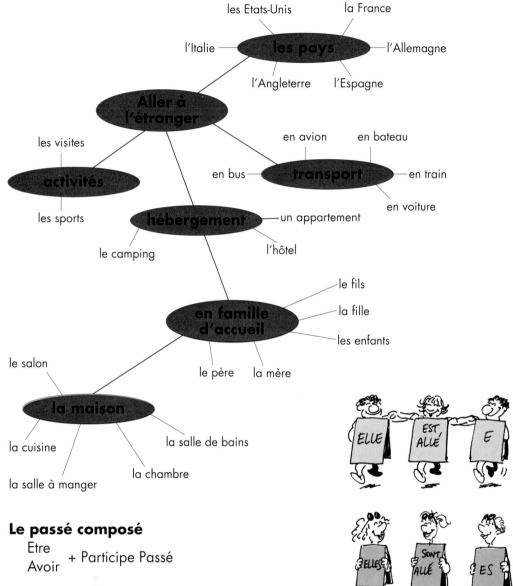

Le passé composé

$$\left.\begin{array}{l} \text{Etre} \\ \text{Avoir} \end{array}\right\} + \text{Participe Passé}$$

EXEMPLE

Je suis allé(e) en Irlande.

J'ai passé mes vacances en Grèce.

Attention à l'accord du participe passé avec être.

Le Futur

Infinitif + ai as a ons ez ont

Cet été je partirai à l'étranger.

Attention aux verbes irréguliers.

Visitez le Luxembourg

- Quels sont les pays qui ont une frontière avec le Luxembourg?
- Qu'est-ce que vous visiteriez au Luxembourg, pourquoi?
- Quelle langue pouvez-vous parler au Luxembourg?

VISITEZ LE LUXEMBOURG

Connaissez-vous le Grand-Duché du Luxembourg? Nous l'avons visité, pour vous, ce petit pays entre l'Allemagne, la Belgique, et la France. Amateur d'histoire ou sportif, fanatique de musique ou ami de la nature, vous y trouverez tous les loisirs à votre goût.

Le Luxembourg est vraiment un pays original. Il est 22 fois plus petit que la France! Il a un peu moins d'habitants que la ville de Strasbourg. Mieux encore, c'est le seul grand-duché du monde! C'est le prince Jean, Grand-Duc du Luxembourg, qui dirige ce pays.

Le Luxembourg est un pays ouvert sur l'Europe. Par exemple, dans la ville de Luxembourg il y a la Cour de justice européenne et le secrétariat général du Parlement européen. Elle regroupe plus de 120 banques internationales. C'est là, aussi, que se trouve RTL, une entreprise de radio et de télévision qui diffuse dans de très nombreux pays comme la France, la Belgique, l'Allemagne, les Pays-Bas ou l'Italie.

En 963, le comte Sigefroi acheta le rocher du Bock, situé aujourd'hui dans la ville de Luxembourg. Sur ce rocher, un 'lucilinburhuc', c'est à dire un 'petit château' dominait la vallée. C'est ce 'lucilinburhuc' qui a donné son nom au Luxembourg et à sa capitale.

La ville de Luxembourg a longtemps été un fort, son passé rend encore plus pittoresque cette ville. La capitale compte 93 ponts.

DES LOISIRS POUR TOUS

Il y a beaucoup de choses à voir au Luxembourg. En voici quelques exemples;
● A Echternach, vous admirerez l'ancien hôtel de ville, un magnifique bâtiment du 16e siècle.

● A Vianden vous visiterez le château des 11e et 12e siècle. Vous pourrez aussi découvrir l'une des grandes centrales hydro-électriques d'Europe.

● A Grevenmacher, dans le 'jardin tropical des papillons', vous serez transporté dans les pays tropicaux: air humide et chaud de la serre, papillons aux couleurs vives, et bananiers.

Durant tout l'été, vous pourrez assister à de très nombreuses manifestations à travers le pays:

● Le 5 juin, à Echternach, il y a une procession dansante en l'honneur de saint Wilibrod, un moine irlandais qui évangélisa la région au 8e siècle. Cette tradition remonte au Moyen Age. Elle est unique au monde.

● Le 23 juin, c'est la fête nationale du Luxembourg.

● Durant le mois de juillet, se tient, à Wiltz, le festival international de théâtre de plein air et de musique.

Si vous voulez voyager bon marché, pensez aux auberges de jeunesse. Vous pouvez voyager à vélo, et dormir le soir dans une auberge de jeunesse.

Vous n'aurez aucun problème avec la langue: les Luxembourgeois parlent luxembourgeois, français, allemand, et, très souvent, anglais.

Les Misérables

Voici un réseau de mots avec des mots clés. Avant de lire cette page imaginez l'histoire puis lisez et comparez.

l'argenterie: volée; donnée; perdue?
personnages: Jean Valjean; l'évêque; Mme Magloire
3 gendarmes: libérer; voleur?; arrêter; se tromper

Jean Valjean, les gendarmes et l'évêque

Le lendemain, au soleil levant, Monseigneur Myriel se promène dans son jardin. Mme Magloire court vers lui. '*Monseigneur*, Monseigneur,' crie-t-elle, 'savez-vous où est *le panier d'argenterie?*' 'Oui,' dit l'évêque. 'Dieu est bon!,' répond-elle. 'Je ne savais pas ce qu'il était devenu.'
L'évêque vient de ramasser le panier dans l'herbe. Il le présente à Mme Magloire. 'Le voilà.' 'Eh bien?' dit-elle. 'Rien dedans! Et l'argenterie?' 'Ah!' répond l'évêque. 'C'est donc l'argenterie qui vous occupe. Je ne sais pas où elle est.' 'Grand bon Dieu! Elle est volée. C'est l'homme d'hier soir qui l'a volée ...'
L'évêque reste silencieux un moment, puis il dit à Madame Magloire avec douceur: 'Et d'abord, cette argenterie était-elle à nous?' Madame Magloire reste *muette*. Il y a encore un silence, puis l'évêque continue: 'Mme Magloire, j'avais depuis longtemps cette argenterie. Elle devait aller aux pauvres. Qui était cet homme? Un pauvre, c'est sûr.' A ce moment on frappe à la porte. 'Entrez', dit l'évêque ... La porte s'ouvre. Un groupe apparaît. Trois hommes en tiennent un quatrième. Les trois hommes sont des gendarmes; l'autre est Jean Valjean.
Monseigneur Myriel s'avance vers lui aussi vite que son grand âge le lui permet. 'Ah! vous voilà!' s'écrie-t-il en regardant Jean Valjean. 'Je suis bien content de vous voir. Eh bien, mais! je vous ai donné *les chandeliers*

aussi, qui sont en argent comme le reste et qui valent aussi deux cents francs. Pourquoi ne les avez-vous pas emportés avec *les cuillers* et *les fourchettes?*' Jean Valjean regarde l'évêque sans comprendre.

'Monseigneur,' dit le chef des gendarmes, 'ce que cet homme dit est donc vrai? Il passait. Nous l'avons arrêté pour voir. Il avait cette argenterie ...'

'Et il vous a dit qu'elle lui a été donnée par un vieux *prêtre*, dans une maison où il a passé la nuit? Et vous l'avez ramené ici? Vous vous êtes *trompés.*'

'Alors,' répond le gendarme, 'nous pouvons le laisser aller?'

'Sans doute', répond l'évêque.

Les gendarmes laissent aller Jean Valjean qui recule. 'Est-ce que c'est vrai qu'on me laisse?' dit-il d'une voix sourde, et comme s'il parlait dans le sommeil. 'Oui, on te laisse, tu n'entends donc pas?' dit un gendarme.

'Mon ami,' reprend l'évêque, 'avant de vous en aller, voici vos chandeliers. Prenez-les.' Et il les apporte lui-même à Jean Valjean.

Celui-ci les prend. Il a l'air de ne pas comprendre encore ce qui lui arrive. Il est encore comme un homme qui va tomber. L'évêque vient à lui, et dit à voix basse: 'Maintenant allez *en paix*, mais n'oubliez jamais que vous devez employer cet argent à devenir un homme bon.'

Monseigneur – *monsignor*; le panier – *basket*; l'argenterie – *silver*; muette – *dumb*; le chandelier – *candlestick*; la cuiller – *spoon*; la fourchette – *fork*; le prêtre – *priest*; se tromper – *to be mistaken*; la paix – *peace*

LES MISERABLES TOME 1 – FANTINE: Adaptation en français facile par P de BEAUMONT
© Hachette.

Unité 3

La télévision

OBJECTIFS
- Lire un programme de télévision/l'heure
- Faire des suggestions
- Exprimer ses préférences
- Décrire un film
- Donner son opinion sur les programmes
- Répondre à une enquête
- Faire un projet 'magazine télé'

Quel pays regarde le plus la télé?

Avant de lire le texte essayez de deviner quel est ce pays et le temps en heures. Puis parmi ces trois pays devinez l'ordre.

- La France?
- L'Angleterre?
- L'Espagne?

QUEL PEUPLE REGARDE LE PLUS LA TÉLÉ?

▼ Avec 270 minutes (4 heures 30) par jour, les Américains remportent la première place. En Europe, ce sont les Anglais qui regardent le plus la télévision (228 minutes: 3h 48mn), devant les Espagnols (207 minutes: 3h 27mn) et les Français (178 minutes: 2h 58mn).

2 · 3.1 ## Les programmes télévisés

- Regardez le programme de télévision et répondez aux questions.

  - Combien y a-t-il de chaînes de télévision?
  - Comment s'appellent-elles?
  - Reconnaissez-vous certaines émissions?

- Ecoutez ces présentatrices vous parler des programmes pour le vendredi 5 juin. Sur quelles chaînes êtes-vous branchés?

VENDREDI 5 JUIN

TF1	A2	FR3	CANAL +	M6
12. Tournez... manège. **12.25** Le Juste Prix. **12.50** A vrai dire. **13.** Journal. **13.30** Météo. **13.35** Les Feux de l'amour. **14.25** Côte Ouest. **15.30** Scandales à l'Amirauté. **17.** Club Dorothée. **17.30** Parker Lewis ne perd jamais. **18.** Hélène et les garçons. **18.20** Une famille en or. **18.55** Santa Barbara. **19.20** La Roue de la fortune. *Jeu.* **19.50** Le Bébête Show. **20.** Journal. **20.30** Météo.	**12.** Pyramide. *Jeu.* **12.20** Un geste pour... **12.30** Les Mariés de l'A2. **13.** Journal. **13.40** Météo. **13.45** Roland-Garros. **18.25** Magnum. *Série.* **19.15** Caméras indiscrètes. **19.55** Un geste pour... **20.** Journal. **20.40** Journal des courses. **20.45** Météo.	**12.** Tennis : Roland-Garros. **12.30** Editions régionales. **12.45** Edition nationale. **13.** Tennis. *Reprise.* **13.40** Le Grand Labyrinthe. *Documentaire.* **14.15** Conscience Terre. *Magazine.* **15.30** La Grande Vallée. *Série.* **16.30** Le Combat de Candy Lightner. *Téléfilm américain (1983).* **18.** Une pêche d'enfer. **18.30** Questions pour un champion. **19.** 19/20. **20.10** La Classe.	Emissions en clair : **12.30** La Grande Famille. **13.30** Le Journal du cinéma. Fin des émissions en clair. **13.35** Full contact. *Film d'action américain (1990).* **15.20** The Girl from Nutbush. *Téléfilm musical.* **16.30** Les Tortues Ninja. *Film fantastique américain (1990).* **18.** Canaille peluche. Emissions en clair : **18.30** Le Top. **19.20** Nulle part ailleurs. Fin des émissions en clair.	**11.50** Flash. **12.** Lassie. **12.25** Ma sorcière bien-aimée. *Série.* **13.** Roseanne. **13.25** Madame est servie. **13.50** L'Homme de fer. **14.40** Destination danger. **15.30** Boulevard des clips. **16.45** Zygomusic. **17.15** Zygomachine. **17.35** Ohara. **18.30** Vic Daniels, flic à Los Angeles. **19.** La Petite Maison dans la prairie. **19.55** Flash. **20.** Madame est servie. **20.30** Capital. **20.35** Météo des plages.
20.40 FOOTBALL. FRANCE/PAYS-BAS. *Match amical en direct de Lens.* **22.40** Boxe : Jeff Harding/Christophe Tiozzo. *Championnat du monde WBC des demi-lourds.* **23.45.** Arthur : émission impossible. *Animé par Arthur.* **0.45** Le Bébête Show. **0.50** TF1 nuit. **1.** Info revue. **2.** Côté cœur. **2.20** Histoires naturelles. **2.50** Enquêtes à l'italienne. **3.45** L'Homme à poigne. **4.50** Musique. **5.05** Les Défis de l'océan.	**20.50** DIVERTISSEMENT. LA PISTE DE XAPATAN. *Emission animée par Sophie Davant.* **22.15** Côté court. **22.30** Rire A2 : Louis de Funès. *Document.* **23.15** Lumière : le magazine du cinéma. **23.45** Ciné club : Leo the last. *Film anglais de John Boorman (1970).* Avec Marcello Mastroianni. **1.30** Journal des courses. **1.35** Journal. Météo. **1.45** Tennis. **3.15** Caméras indiscrètes. **3.50** Eve raconte. **4.10** 24 Heures d'info.	**20.45** DOCUMENT. THALASSA. *Le magazine de la mer de Georges Pernoud.* L'Amitié à bout de bras. **21.40** Caractères. *Magazine littéraire de Bernard Rapp.* **22.45** Soir 3. **23.10** Musicales : Gaspard de la nuit de Maurice Ravel. **0.10** Océaniques : Louis Althusser. **0.55** Mélomanuit.	**20.30** TELEFILM. MEURTRE PAR AMNESIE. *Téléfilm policier américain de Bradford May (1989).* Avec Donna Mills, Greg Evigan. **22.** Le Paradis perdu des Indiens Kuna. *Document.* **22.45** Flash. **22.55** Le Journal du cinéma. **23.** La Reine blanche. *Comédie dramatique française de Jean-Loup Hubert (1991).* Avec Catherine Deneuve, Richard Bohringer. **1.** Cabal. *Film fantastique (1989).* En V.O. **2.35** Basket. *Finale de la NBA. En direct.* **6.30** Les Allumés...	**20.40** TELEFILM. MAIN BASSE SUR HAWAII. *Téléfilm américain de Fred Walton.* Avec Kevin Kilner, Barbara Carrera. **22.25** Mission impossible. **23.20** Emotions, charme et érotisme. **23.50** Capital. **0.15** Flash. **0.20** Rapline. **0.50** Boulevard des clips. **2.** Les Mégapoles : Londres. **2.55** Culture pub. **3.20** La Corse, l'île sans rivage. **4.10** Nouba. **4.40** Venise sous les masques. *Document.* **5.30** Culture Rock. **6.** Boulevard des clips.

MERCREDI 10 JUIN

TF1	A2	FR3	CANAL +	M6
11.55 Tournez... manège. **12.25** Le Juste Prix. *Jeu.* **12.50** A vrai dire. **13.** Journal. **13.30** Météo. Bourse. **13.40** Pause café, pause tendresse. *Série.* **15.05** Club Dorothée. **18.25** Une famille en or. **18.55** Santa Barbara. **19.20** La Roue de la fortune. **19.45** Le Bébête show. **19.50** Loto. **20.** Journal. **20.35** Tapis vert. Météo. **20.45** Loto.	**12.** Pyramide. **12.25** Les Mariés de l'A2. **13.** Journal. **13.40** Météo. **13.45** Opération terre : Une vraie vie de grenouille. *Document.* **14.45** L'Equipée du Poney Express. **15.30** La Chance aux chansons. **16.15** Actualités. **16.25** Des chiffres et des lettres. **16.55** Goal. **17.20** Les Années collège. **17.50** Le Prince de Bel-Air. **18.20** Giga reportages. **18.35** Magnum. **19.20** INC. **19.30** Journal. **20.** Football : présentation du match Suède-France.	**12.45** Edition nationale. **13.** Sports 3 images. **13.35** La Grande Aventure de James Onedin. **14.25** Emission jeunesse. **14.55** Questions au gouvernement, en direct de l'Assemblée. **17.** Jeunesse. *Suite.* **18.** Une pêche d'enfer. **18.30** Questions pour un champion. **19.** 19/20. **20.10** La Classe.	Emissions en clair : **12.30** La Grande Famille. **13.30** Le Journal du cinéma. Fin des émissions en clair. **13.35** Meurtre par amnésie. *Téléfilm policier américain (1989).* **15.05** L'Œil du cyclone. **15.35** La Guerre de la drogue. *Téléfilm policier américain (1989).* **17.35** Les Simpson. **18.** Canaille peluche. Emissions en clair : **18.30** Ça cartoon. **18.50** Le Top. **19.20** Nulle part ailleurs. **20.30** Le Journal du cinéma. Fin des émissions en clair.	**11.50** Flash. **12.** Lassie. **12.25** Ma sorcière bien-aimée. **13.** Roseanne. **13.25** Madame est servie. **14.** L'Homme invisible. **14.50** E=M6. **15.20** Culture pub. **15.45** Ecolo 6. **15.55** Culture rock. **16.25** Flashback. **16.50** Nouba. **17.20** Dance Machine. **17.35** Ohara. **18.30** Vic Daniels, flic à Los Angeles. **19.** La Petite Maison dans la prairie. **19.54** Flash. **20.** Madame est servie. **20.30** Surprise-partie. **20.35** Météo des plages.
20.50 VARIETES. SACREE SOIREE. *Emission présentée par Jean-Pierre Foucault.* Avec Patti Davis, Kaoma, Johnny Halliday, MC Solaar. **22.50** Mea culpa. *Emission présentée par Patrick Meney.* **23.55** Le Bébête show. **0.** Dernier journal. Météo. **0.10** L'Heure Simenon. **0.55** TF1 nuit. Débat. **1.30** On ne vit qu'une fois. **1.55** Côté cœur. **2.15** Histoires naturelles. **3.05** Enquêtes à l'italienne. **4.05** L'Homme à poigne. **5.05** Musique.	**20.15** FOOTBALL. SUEDE/FRANCE. *Euro 92. En direct de Stockholm.* **21.** Journal de Cavada. **21.15** Football. *Reprise.* **22.** Commentaires et résumé du match. **22.15** Direct.- *Emission animée par Christine Ockrent.* L'Intelligence. **23.35** Musiques au cœur : Les Rencontres musicales d'Evian. **0.35** Journal des courses. **0.40** Dernier Journal. **0.50** Météo. **0.55** Ces actes inqualifiables. *Téléfilm.* **2.25** Raison de plus. **3.40** Religieuses.	**20.40** MAGAZINE. LA MARCHE DU SIECLE. *Emission présentée par Jean-Marie Cavada.* Il y a 50 ans : la rafle du vél' d'hiv. **22.20** Soir 3. **22.40** Mercredi en France. **23.35** Traverses : Les Survivants. **0.30** Mélomanuit. Invité : Jean Andouze.	**21.** CINEMA. LA LOI CRIMINELLE. *Thriller américain de Martin Campbell (1989).* Avec Gary Oldman, Kevin Bacon. **22.40** Flash. **22.45** Full contact. *Film d'action américain de Sheldon Lettich (1990).* En VO. **0.30** Nus de femmes. *Document.* **1.25** Le Journal du hard. **1.30** Les Trois Garces. *Film érotique français (1990).* **2.55** Basket : finale de la NBA, en direct. **6.30** Les Allumés... *Document.*	**20.40** TELEFILM. QUAND L'AMOUR S'EMMELE. *Téléfilm américain de Jack Bender.* Avec John Ritter, Mel Harris. **22.30** La Preuve par trois. *Téléfilm américain de David Greene.* Avec Ted Wass, Markie Post. **0.10** Vénus. **0.40** Flash. **0.45** Dazibao. **0.50** Boulevard des clips. **2.** Culture rock. **2.50** De Gaulle vu d'ailleurs. *Documentaire.* **3.20** Destination Cap-Vert. **4.10** Culture pub. **4.40** Venise sous les masques. **5.30** E=M6. **6.** Nouba.

Quelle heure est-il?

Ecrivez les heures en lettres de 2 manières.

EXEMPLE 11.15

Il est onze heures quinze.
Il est onze heures et quart.

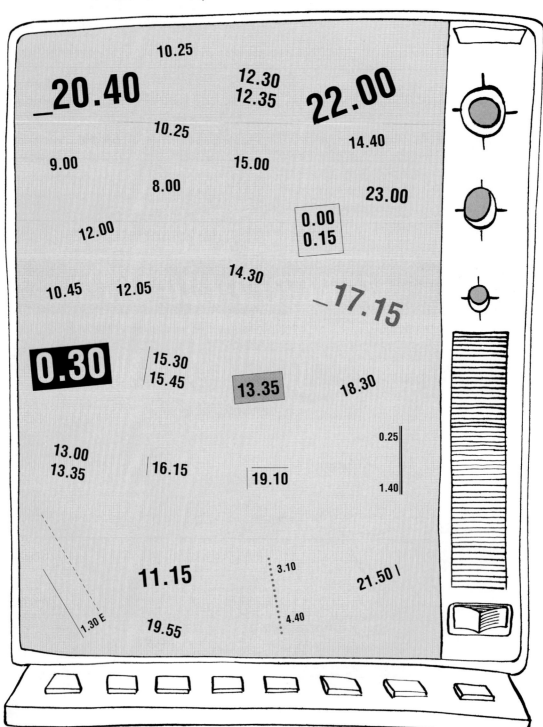

Les chaînes en France

Lisez le texte et comparez la télévision en France et en Irlande.
- Combien avez-vous de chaînes de télé en Irlande?
- Quelles sont les chaînes commerciales/publiques en France/en Irlande?
- Quel est l'équivalent de Canal + en Irlande?

En France il existe 6 chaînes de télévision.
Certaines sont publiques et certaines privées ou commerciales.
F2 et F3 sont financées par le gouvernement. TF1, M6, Arte et
Canal + sont des chaînes commerciales. Bien sûr toutes les chaînes
sont financées en grande partie par la publicité. Pour Canal +, les
téléspectateurs doivent payer pour leur décodeur. Ils doivent payer un
abonnement tous les mois. Ils peuvent alors recevoir les images de
films récents, des matchs de football, tennis … Les émissions 'en clair'
sont visibles par tout le monde.
Et la 5? Il existait une chaîne de télévision appelée la 5. C'était une
chaîne commerciale qui n'a pas survécu à la concurrence.

Devine

Ecoutez les extraits de 6 émissions de télévision. De quel type d'émission s'agit-il?

le journal?
un feuilleton?
la météo?
un jeu?
un match?
un documentaire?

6 **Collage**

- Regardez le collage de mots et remplissez le réseau de mots.
  Regardez les mots dans le lexique ou dans un dictionnaire.

- Comparez vos réseaux de mots avec votre voisin/votre voisine et complétez-le si nécessaire.

le décodeur

le Tirage du loto

LES SPORTS (Rediffusion.) le **DÉBAT** –

 LE PETIT ÉCRAN

LE THEATRE la **MÉTÉO**

LE TÉLÉFILM

21.55 THALASSA
Magazine **LE VENDREDI**

 Les téléspectateurs

LE JOURNAL FLASH Le Jeu LA SERIE AMÉRICAINE.
D'INFORMATIONS

Le Film d'horreur *la chaîne*

LE FEUILLETON FRANÇAIS

LES CHIFFRES **LE MINI-JOURNAL**
LES LETTRES **LE DIMANCHE**

LES ACTUALITÉS RÉGIONALES LES ÉMISSIONS
RELIGIEUSES

LE MARDI

LE PREMIER EPISODE:

LES DOSSIERS DE L'ÉCRAN
Le dessin animé

CINÉMA: FILM DRAMATIQUE FRANÇAIS

le Documentaire LE CINÉMA: FILM POLICIER FRANCO-ITALIEN

LE LUNDI **L'HÉRITIER**

reportages.

les Emissions en clair LE CINÉMA: COMÉDIE DRAMATIQUE

LE CINÉMA: FILM FANTASTIQUE

LE CINÉMA: WESTERN AMÉRICAIN.

LE TIERCÉ

LE CINÉMA: FILM MUSICAL

la Série américaine. LE CINÉMA: FILM D'ESPIONNAGE

le Film: comédie musicale
américaine.

DIVERTISSEMENT

la Bourse *en VO*
(version originale) **LE MERCREDI**

7   Mots cachés

Trouvez les mots cachés puis à votre tour faites un mot caché pour votre projet 'magazine télé'.

8   3.4   A votre avis!

- Regardez le nom de ces émissions. Pouvez-vous deviner de quel type d'émission il s'agit?

- Ecoutez le présentateur vous en parler et vérifiez vos prédictions.

16.10	Caméras indiscrètes
17.50	Des chiffres et des lettres
16.45	Ça cartoon
15.00	La petite maison dans la prairie

9   Votre programme idéal

(seul ou en groupe)

Vous êtes le directeur d'une chaîne de télévision. Composez un programme, votre programme idéal tout en respectant un équilibre entre les informations, les films, les feuilletons, les jeux, et les émissions sportives.

Donnez un nom à votre chaîne et ajoutez votre programme dans 'votre dossier magazine télé'.

- Lisez 'les sélections' pour le jeudi 4 juin et faites votre choix.
- Avec votre voisin/votre voisine et à l'aide du schéma suivant, mettez-vous d'accord sur ce que vous allez regarder à 20h40 puis à 23h.

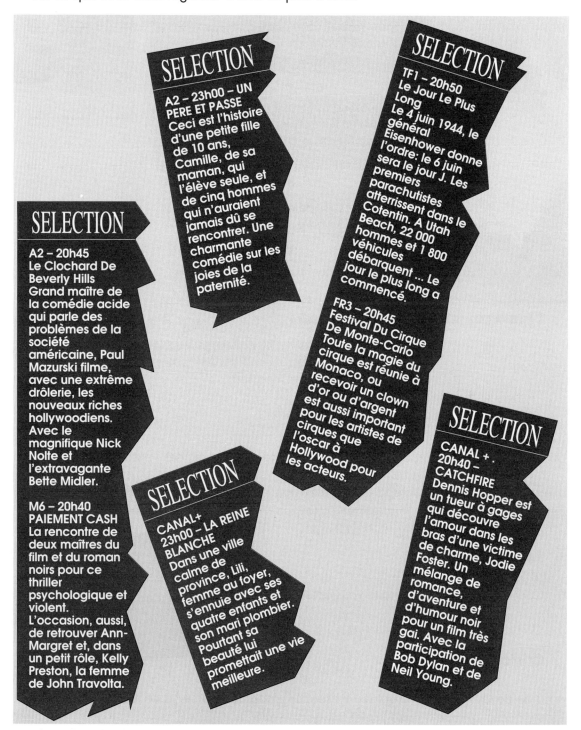

SELECTION

A2 – 23h00 – UN PERE ET PASSE
Ceci est l'histoire d'une petite fille de 10 ans, Camille, de sa maman, qui l'élève seule, et de cinq hommes qui n'auraient jamais dû se rencontrer. Une charmante comédie sur les joies de la paternité.

SELECTION

TF1 – 20h50
Le Jour Le Plus Long
Le 4 juin 1944, le général Eisenhower donne l'ordre: le 6 juin sera le jour J. Les premiers parachutistes atterrissent dans le Cotentin. A Utah Beach, 22 000 hommes et 1 800 véhicules débarquent ... Le jour le plus long a commencé.

SELECTION

A2 – 20h45
Le Clochard De Beverly Hills
Grand maître de la comédie acide qui parle des problèmes de la société américaine, Paul Mazurski filme, avec une extrême drôlerie, les nouveaux riches hollywoodiens. Avec le magnifique Nick Nolte et l'extravagante Bette Midler.

M6 – 20h40
PAIEMENT CASH
La rencontre de deux maîtres du film et du roman noirs pour ce thriller psychologique et violent. L'occasion, aussi, de retrouver Ann-Margret et, dans un petit rôle, Kelly Preston, la femme de John Travolta.

SELECTION

FR3 – 20h45
Festival Du Cirque De Monte-Carlo
Toute la magie du cirque est réunie à Monaco, ou recevoir un clown d'or ou d'argent est aussi important pour les artistes de cirques que l'oscar à Hollywood pour les acteurs.

SELECTION

CANAL+ 23h00 – LA REINE BLANCHE
Dans une ville calme de province, Lili, femme au foyer, s'ennuie avec ses quatre enfants et son mari plombier. Pourtant sa beauté lui promettait une vie meilleure.

SELECTION

CANAL + · 20h40 – CATCHFIRE
Dennis Hopper est un tueur à gages qui découvre l'amour dans les bras d'une victime de charme, Jodie Foster. Un mélange de romance, d'aventure et d'humour noir pour un film très gai. Avec la participation de Bob Dylan et de Neil Young.

Qu'est-ce qu'on regarde ce soir?
Qu'est-ce qu'il y a à la télé ce soir?
Qu'est-ce que tu veux regarder?

On pourrait regarder le film sur Canal +.
Si on regardait le film sur Canal +.
Regardons le film sur Canal +.
Je veux regarder le film sur Canal +.

Qu'est-ce que c'est comme film?
C'est un film policier.
Il commence à quelle heure?
Il finit à quelle heure?

Il commence à …
Il finit à …

| OK | D'accord | Si tu veux | Ah non, pas question je veux voir . . . | Je préfère regarder . . . |

11   Comment faire des suggestions

On pourrait + verbe = on + conditionnel (pouvoir)
Si on regardait = Si on + imparfait
Regardons = Impératif
Je préfère + verbe = Présent

Utilisez les différentes manières de faire des suggestions avec ces verbes.

aller au cinéma   regarder la télévision   boire un café
jouer au tennis   manger un sandwich   prendre des vacances

12   3.5   Suggestions

Cochez dans la grille ce que vous entendez.

13   Critiques

A l'aide de la fiche dans le cahier d'exercices faites le résumé/la critique d'un film.
Ajoutez cette critique à votre projet 'magazine télé'.

14 **Feuilleton**

Beaucoup de séries américaines/de feuilletons français ou étrangers parlent de l'histoire d'une famille, d'une rue, d'un quartier. (Fair City, Eastenders, Coronation Street, La petite maison dans la prairie …)

Regardez cet 'arbre généalogique'. En pensant à votre feuilleton préféré, expliquez à votre voisine qui est qui.

EXEMPLE   Dans Coronation Street, Liz est la femme de Jim.

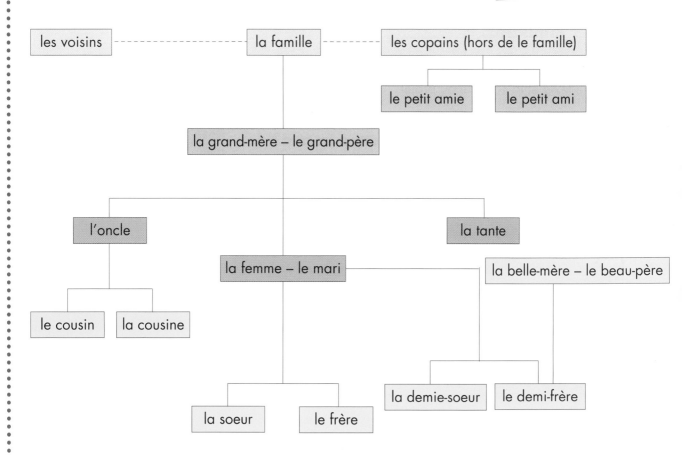

Seul ou en groupe, inventez un feuilleton en créant des personnages (une famille). Ecrivez un petit paragraphe et ajoutez votre script au projet.

EXEMPLE
    Mon feuilleton s'appelle O'Connell Street. Le personnage principal s'appelle… Il est le mari de … Ils ont deux enfants …

49

Diagram contents:

les voisins — la famille — les copains (hors de le famille)

le petit amie | le petit ami

la grand-mère – le grand-père

l'oncle | la tante

la femme – le mari | la belle-mère – le beau-père

le cousin | la cousine

la demie-soeur | le demi-frère

la soeur | le frère

Le Journal de 20h

Mettez les titres du journal dans l'ordre.

10 morts et des centaines de blessés en Inde.

La météo avec Laurent Dedieu: le soleil enfin!

Le président de la république en visite en Italie.

Reportage choc en Afrique Centrale.

Le scandale de la ville de Marseille.

Le chômage à l'ordre du jour du conseil des ministres.

En groupe composez un mini-journal télévisé et enregistrez-vous. Ajoutez le texte et la cassette au projet.

Qu'est-ce qu'ils regardent à la télé?

Remplissez la grille.

Vivre sans télévision

- Remplissez les blancs avec la négation, l'adjectif possessif ou ces mots.

- Dans le cas de l'adjectif possessif, justifiez vos réponses.

Que pensez-vous de la télévision?

- Lisez la question de Jean-Claude. Etes-vous d'accord avec lui? Donnez deux types d'émissions que vous aimez ou n'aimez pas.

- Lisez les réponses à Jean-Claude tout en écoutant la cassette.

- Reliez les noms, ce qu'ils disent, et leur opinion.

- Qui a dit?

 'Le plus important est de faire son choix.'
 'La télévision devrait nous instruire.'
 'La télévision est une chose utile.'
 'La télévision, nous informe et nous distrait.'

- Qu'en pensez-vous?

QUE PENSEZ-VOUS DE LA TÉLÉVISION?

'Bonjour! J'ai 14 ans et je voudrais poser une question: Que pensez-vous de la télévision? Quels sont vos chaînes, vos programmes préférés? Moi je trouve qu'il y a trop de bêtises, et pas souvent de bons films. Et vous, qu'en pensez-vous? J'attends vos réponses avec impatience. Merci!'

Jean-Claude, Montpellier

'Il suffit de regarder les émissions intéressantes'

'Salut Jean-Claude! C'est la première fois que j'ai l'occasion de répondre à un débat, car ta question m'a beaucoup intéressée. Je trouve que tu regardes trop le mauvais côté des choses. N'y a-t-il pas à la télévision des émissions instructives (les émissions sur la nature ...), des émissions de détente après les cours (la musique ...), et aussi des films bien (Le Grand Bleu, L'Ours ...)?

Il est vrai que ces films sont rares, que la télévision est surchargée de publicités inutiles, et que certaines séries sont interminables et idiotes. J'espère que ma réponse te satisfera et, surtout, n'oublie pas de ne regarder que les émissions qui t'intéressent. Gros bisous.'

Sophie, 14 ans, Paris

'Il faut profiter de la télévision'

'Salut Jean-Claude! Moi, je pense que la télévision est une chose utile pour l'actualité d'aujourd'hui. Personnellement, je n'ai pas de télévision, et je trouve ça bête. Je manque beaucoup de reportages, de films intéressants. Je ne dis rien pour les informations, car je me documente autrement.

C'est vrai qu'il y a de plus en plus de bêtises et, aussi, que les bons films sont tard le soir (d'où l'intérêt d'avoir un magnétoscope). Mais je pense que tu peux tirer beaucoup de conclusions avec la télé. Je te quitte en te demandant de profiter de la télé!'

Nathalie, 15 ans, Nantes

'La télévision devrait nous instruire agréablement'

'Merci de nous demander notre avis sur la télévision. Voici le mien: j'aimerais beaucoup moins de dessins animés, plus idiots les uns que les autres. A la place: de bons documentaires qui illustreraient agréablement ce que l'on a pu étudier pendant l'année, ou répondraient à notre curiosité. Des émissions pour ceux qui ne peuvent pas aller à l'étranger (Angleterre, Espagne, Allemagne, Italie), et qui leur permettraient de se perfectionner dans la langue, sans avoir l'air d'être des cours.

La télévision devrait nous instruire agréablement pendant les vacances et, pourquoi pas toute l'année!'

Pierre, 14 ans, Lyon

'C'est un moyen de communication extraordinaire'

'Salut Jean-Claude! Moi, je pense que la télévision est un système de communication extraordinaire, car nous n'avons pas besoin de nous déplacer pour nous divertir ou pour nous informer. De plus, je trouve qu'il y a de très bonnes émissions sur le petit écran, comme, par exemple, les reportages en langues étrangères. Et quand on compare la télé américaine avec la nôtre, on sait qu'on a quand même de la chance!

Mais d'un autre côté, je suis d'accord avec toi: il n'y a pas assez de bons films. Pour ceux qui habitent dans de petites villes dans lesquelles il n'y a qu'un ou deux cinémas, c'est un grand manque. Le tout est de savoir choisir!'

Denise, Marseille

'On peut vivre sans télé!'

'Salut Jean-Claude! J'ai 15 ans et je te réponds, vu que je suis un cas spécial: Je n'ai pas de télé! A chaque fois que je le dis, mes copains poussent des hauts cris. Mais je le dis, ainsi qu'à tous les lecteurs, on peut vivre sans télé! La preuve, c'est que je ne suis pas débile, et je dirai même que c'est le contraire ...

Et je suis d'accord avec ton opinion sur la télé ... mais je crois, avant tout, que le plus important est de faire son choix.

Victor, 15 ans, Grenoble

19 | **La télé et vous**

Répondez à l'enquête et ajoutez vos réponses à votre projet 'magazine télé'.

20 | **3.9** **Enquête dans la rue**

Ecoutez et notez les réponses de ces deux jeunes Français, Elise et Daniel à l'enquête 'La télévision et vous.'

21 | **3.10** **La télé et les Français**

Lisez les réponses des Français à cette enquête, comparez avec vos réponses.

LA TÉLÉ ET VOUS

1. Chez vous, qui allume la télé?

Pour la très grande majorité, c'est 'vous-même' ou 'vos frères et soeurs' qui allument la télévision. 9% seulement, parmi vous, répondent que ce sont 'leurs parents'.

2. Comment choisissez-vous vos programmes?

Ce sondage révèle que vous êtes des consommateurs de télé, mais de bons consommateurs: 82% d'entre vous choisissent leurs émissions grâce à un journal de télévision.

3. Comment préférez-vous regarder la télévision?

En majorité, vous préférez regarder la télé avec d'autres: les copains ou la famille. La télé, c'est l'occasion de rire ensemble, de discuter.

COMMENT PRÉFÉREZ-VOUS REGARDER LA TÉLÉVISION?	
1 seul	40%
2 avec des copains	21%
3 en famille	37.5%
4 sans réponse	1.5%

4. Pour vous, à quoi sert surtout la télévision?

La télévision, ça sert à se distraire et à connaître ce qui se passe dans le monde.

5. Etes-vous favorable aux émissions pour la jeunesse?

C'est oui! Et à 75%. Selon vous, il est tout à fait juste que certaines émissions s'adressent plus particulièrement à certaines publics.

POUR VOUS, A QUOI SERT LA TÉLÉ?	
1 à découvrir des pays étrangers	7%
2 à rêver	12%
3 à connaître les événements qui se passent	41%
4 à être au courant de toutes les inventions	4%
5 à se distraire	50%
6 autres réponses	1%

6. Regardez-vous la télévision en faisant quelque chose d'autre?

Vous êtes 70% à dire qu'il vous arrive de regarder le télé en faisant quelque chose d'autre, comme manger, jouer, faire de la couture ou du tricot (18%), mais aussi lire (23%) ou faire vos devoirs.

7. Aimez-vous regarder le journal télévisé de 20 heures?

Vous êtes très nombreux à regarder le journal télévisé de 20 heures, soit un peu (45%), soit beaucoup (42%).

AIMEZ-VOUS REGARDER LE JOURNAL TÉLÉVISÉ DE 20 HEURES?		
1	un peu	45%
2	beaucoup	42%
3	passionnément	5%
4	pas du tout	5%
5	sans réponse	3%

8. Quel genre d'émission aimeriez-vous voir, le vendredi soir?

Vous aimeriez bien avoir, le vendredi soir, une émission à regarder en famille, surtout quand on a la chance de n'avoir pas cours le lendemain. Les films (comiques, de préférence) ou les feuilletons.

9. Qu'aimez-vous regarder, de préférence, à la télévision?

A la majorité absolu, vous avez répondu les films (52%). Les sports arrivent en deuxième position chez les garçons. Chez les filles 'le rock et les clips' se classent en seconde position.

QU'AIMEZ-VOUS REGARDER, DE PRÉFÉRENCE, À LA TÉLÉVISION?		
1	les sports	14%
2	le rock et les clips	12%
3	les émissions d'aventure	7%
4	les variétés	6%
5	les journaux télévisés et les magazines d'information	3%
6	les films	52%
7	sans réponse	11%

Prononciation

Evaluation

Résumé

A quelle heure commence le film?
- à huit heures et demie
- à vingt heures trente

Suggestions/préférences

On pourrait regarder
Je préfère regarder
Si on regardait
Regardons

le film

Non, je veux voir . . .

D'accord

OK

Décrire un film

C'est un film de science-fiction.
C'est l'histoire de...
Ça se passe aux Etats-Unis en l'an 2000.

J'aime les reportages, à mon avis c'est intéressant.
Je déteste les dessins animés, à mon avis c'est stupide.

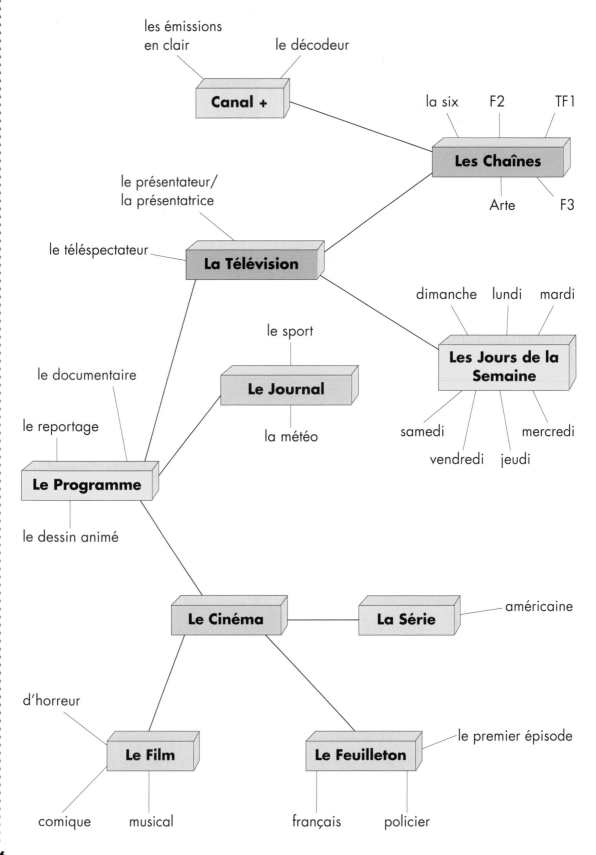

les émissions en clair

le décodeur

Canal +

la six   F2   TF1

Les Chaînes

Arte   F3

le présentateur/
la présentatrice

le téléspectateur

La Télévision

dimanche   lundi   mardi

Les Jours de la Semaine

samedi   mercredi

vendredi   jeudi

le sport

Le Journal

la météo

le documentaire

le reportage

Le Programme

le dessin animé

Le Cinéma

La Série

américaine

d'horreur

Le Film

Le Feuilleton

le premier épisode

comique   musical

français   policier

Gérard Depardieu

Pour vous aider à lire ce texte sur Gérard Depardieu, essayez de
faire sa carte d'identité en lisant le texte.

Nom: ....

Age: ....

Description: ....

Famille (frère/soeur): ....

Enfants: ....

Ses études: ....

Il habite: ....

Sa carrière au théâtre
  – qu'est-ce qu'il a joué: ....

  – avec qui: ....

Sa carrière au cinéma
  – ses films: ....

  – avec qui: ....

**Son passe-temps
préféré d'après le texte:** ....

GÉRARD DEPARDIEU

'A mes débuts, j'étais un peu comme un petit singe; c'est souvent ce que les acteurs sont. Quand j'ai été à peu près sûr qu'on pouvait m'aimer, j'ai pu commencer à donner. Je ne vais pas le regretter.'

Qu'y a-t-il de commun entre un loubard de banlieue, le Tartuffe de Molière et Rodin, un grand sculpteur du 19e siècle? Quel acteur peut jouer tous ces personnages, tout en restant lui-même? Sans doute un des plus grands comédiens français: Gérard Depardieu.

Quarante ans, 1,90 mètre, 100 kilos ou presque: Depardieu est un colosse. Mais un colosse qui se mit dans tous les costumes et dans tous les rôles.

'Ce n'est pas moi, explique-t-il, ce sont des êtres que je m'invente, avec des émotions que j'ai vécues. Avec une émotion, un souvenir, je peux raconter dix histoires différentes.'

Bouleversé par le théâtre

Ces souvenirs, ce sont peut-être ceux de son enfance, à Châteauroux, où il grandit, dans la pauvreté, avec ses cinq frères et soeurs.

A 13 ans, il abandonne l'école et court les routes.

Un jour, il rencontre un ami qui suit des cours de théâtre. Pourquoi ne tenterait-il pas sa chance, lui aussi, au Théâtre national de Paris? Depardieu accepte tout de suite: 'J'aurais aussi bien pu devenir cambrioleur.'

Il se met à jouer comme s'il n'avait jamais fait autre chose. Il joue les grands auteurs classiques: Racine, Molière … 'Je ne connaissais pas la moitié des mots, mais je les disais comme les autres, et j'adorais ça!'

En 1969, Depardieu a 21 ans. Il rejoint la compagnie du Café de la Gare, un café-théâtre, où il rencontre Patrick Dewaere et Miou-Miou.

Cinq ans plus tard, il tourne avec Piccoli et Montand dans Vincent, François, Paul et les autres. Un film qui le rend célèbre. Il est alors demandé par les grands metteurs en scène de cinéma, et joue aux côtés des plus grandes actrices: Deneuve, Adjani, Huppert.

En 1984, il retourne au théâtre où il incarne le Tartuffe de Molière, avec sa femme Elisabeth Depardieu. 'Je suis d'abord un acteur de théâtre,' affirme-t-il.

'Sans les mots il me manque quelque chose'

Ce qui est passionnant, c'est de partager ce plaisir du texte, des mots avec les autres comédiens. 'Si je suis seul sur scène, je ne dis rien, ça ne m'intéresse pas.'

Depardieu regarde, écoute, joue aussi beaucoup en fonction des autres comédiens.

Mais pour travailler dans de bonnes conditions, il faut de temps en temps s'arrêter de jouer. Depardieu trouve du repos dans sa maison de Trouville, en Normandie.

Il y retrouve ses livres. Il lit beaucoup, comme pour rattraper les années où il ne lisait rien. Il pense que la lecture l'a sauvé de l'ignorance et de l'ennui. C'est pourquoi il prend très à coeur les études de Julien et Guillaume, ses deux fils de 14 et 16 ans.

Aujourd'hui, Depardieu est un acteur en pleine gloire.

Les Misérables

• Lisez ce passage des Misérables.

  – Avez-vous trouvé ce passage:

  ennuyeux?   *facile?*   *intéressant?*

  très intéressant?   *difficile?*   *superbe?*   *réaliste?*

  touchant?   *lent?*   *tragique?*

• Trouvez les adjectifs qui décrivent
  – Cosette à l'arrivée
  – Cosette à la fin du texte
  – Fantine

Fantine laisse Cosette à la famille Thénardier

Il y avait entre 1800 et 1823, à Montfermeil, près de Paris, une sorte d'hôtel pauvre, tenu alors par les gens appelés Thénardier, mari et femme.
Les deux enfants, bien habillées, ont l'air heureuses. Leurs yeux brillent. Leurs fraîches joues rient. L'une est très brune, l'autre l'est moins. Leurs visages sont gais. La mère chante. Sa chanson et ses deux petites filles l'empêchent d'entendre et de voir ce qui se passe dans la rue. Cependant quelqu'un est arrivé près d'elle et tout à coup elle entend une voix qui lui dit: 'Vous avez là deux jolies enfants, madame.'
Une femme est à quelques pas. Cette femme, elle aussi, a un enfant qu'elle porte dans ses bras. Elle tient en plus un assez gros sac qui semble très lourd. L'enfant de cette femme est un des plus beaux qu'on puisse voir. C'est une fille de deux ou trois ans. Elle est joliment habillée. Elle est rose. Ses joues ont l'air de pommes. Elle dort, comme on dort dans les bras d'une mère, profondément.
La mère, elle, a l'air pauvre et triste. Elle ressemble à *une ouvrière* qui redevient *paysanne*. Elle est jeune. Elle a été belle, mais il n'y paraît pas. Ses cheveux blonds semblent très épais, mais disparaissent sous *un mouchoir*, laid, serré, qui passe sous le menton. Ses yeux ne semblent pas être secs depuis bien longtemps. Elle doit être très fatiguée et un peu malade. Elle regarde sa fille endormie dans ses bras avec amour. Elle a les mains brunes et les doigts durcis par le travail et *l'aiguille*. Sa robe est de toile. Elle porte des gros souliers. Cette femme qui s'appelle Fantine répète: 'Vous avez là deux jolies enfants, madame.'
La mère lève la tête, remercie et fait asseoir la passante sur le banc près de la porte. Les deux femmes parlent. 'Je m'appelle Mme Thénardier,' dit alors la mère des deux petites filles. 'Nous tenons cet hôtel.'

La voyageuse raconte son histoire: elle est ouvrière; son mari est mort; le travail manque à Paris; elle a *quitté* Paris le matin même; elle portait son enfant et elle s'est sentie fatiguée.

Les deux femmes continuent de parler: 'Comment s'appelle votre enfant? – Cosette. – Quel âge a-t-elle? – Elle va avoir trois ans. – C'est comme ma première fille.'

'Voyez-vous, je ne peux pas *emmener* ma fille dans mon village. Le travail ne le permet pas. Voulez-vous me *garder* mon enfant?' 'Je ne sais pas,' dit la Thénardier. 'Je donnerai six francs par mois.'

Alors une voix d'homme crie au fond de l'hôtel;'Pas à moins de sept francs. Et six mois payés d'avance.' 'Je les donnerai,' dit la mère. 'J'ai quatre-vingts francs. Il me restera de quoi aller à mon village à pied. Je gagnerai de l'argent là-bas, et quand j'en aurai un peu, je reviendrai chercher la petite.'

Le marché est passé. La mère couche la nuit à l'hôtel, donne son argent et laisse son enfant.

Qui sont les Thénardier? ... Ni de bons ouvriers, ni des gens intelligents. Leur hôtel marche mal et, le deuxième mois, la femme porte à Paris le linge et les vêtements de Cosette. Elle reçoit soixante francs et habille l'enfant, qui n'a plus de linge ni de vêtements, avec les vieilles jupes et les vieilles chemises des petites Thénardier. On lui donne à manger *les restes* de tout le monde, un peu mieux que le chien, un peu plus mal que le chat.

Comme on le verra plus tard, la mère, qui a trouvé du travail à Montreuil-sur-Mer, écrit, ou pour mieux dire, fait écrire tous les mois pour avoir des nouvelles de son enfant. Les Thénardier répondent chaque fois: 'Cosette va très bien.'

Les six premiers mois passés, la mère envoie sept francs pour le septième mois, et continue ses envois de mois en mois. L'année n'est pas finie que le Thénardier dit: 'Nous n'avons pas assez avec sept francs.' Et il en demande dix. La mère croit que son enfant est heureuse et envoie les dix francs.

Peu à peu l'enfant devient *la servante* de la maison. On lui fait *balayer* les chambres, la cour, la rue, laver les assiettes, porter les paquets. La mère, restée à Montreuil-sur-Mer, commence à mal payer. Cosette, si jolie et fraîche à son arrivée dans cette maison, est maintenant *maigre* et jaune. Elle a toujours l'air d'avoir *peur*.

une ouvrière – *worker*; une paysanne – *farmer*; un mouchoir – *handkerchief*; l'aiguille – *needle*; quitter – *to leave*; emmener – *to take with*; garder – *to mind*; le marché – *deal*; les restes – *leftovers*; la servante – *maid*; balayer – *sweep*; maigre – *skinny*; peur – *fear*

LES MISERABLES TOME 1 – FANTINE: Adaptation en français facile par P de BEAUMONT
© Hachette.

Unité 4

La terre en danger

OBJECTIFS
- Lire des textes sur l'environnement
- Donner votre opinion/faire des recommandations
- Ecrire une lettre pour demander des informations
- Faire l'analyse d'un texte
- Faire une campagne d'information

Préférez-vous la campagne ou la ville?

- Lisez les opinions de ces jeunes et classez-les:
  - qui est pour la campagne?
  - qui est pour la ville?
  - qui aime la campagne et la ville?

- Notez pourquoi ils aiment la ville et/ou la campagne.

VILLE OU CAMPAGNE QUE PRÉFÉREZ-VOUS?

'Je vis à la campagne, et j'en suis très heureuse car les paysages qui m'entourent sont très beaux et que j'apprécie l'espace et le calme. Mais, quand je vais à Paris, je suis contente de visiter la ville et certains musées qui apportent d'autres choses à ma connaissance. Et vous, préférez-vous la ville ou la campagne? Pour quelles raisons? Merci d'avance à tous ceux qui me répondent.'

XAVIER
Chambray-les-tours

J'ai aussi la chance de vivre à la campagne. Je trouve ça splendide. On a toujours le calme. On est dans la nature. On est dans l'espace ... Pourtant j'ai, comme toi, de temps en temps, envie d'aller à la ville. C'est différent. La ville, c'est joyeux et vivant, mais on vit avec des gens que l'on ne connaît pas.

LOUBÈNA
Lyon

Je trouve que la campagne fait ringard, vide et vieux. J'adore Lyon: il m'arrive de descendre rue de la République, rue Victor-Hugo, juste pour me balader en regardant les vitrines, cool. J'adore notamment l'ambiance du métro. Plus tard – et tant pis pour mes poumons – j'aimerais vivre à Paris car cette ville me fait rêver, plus qu'Hollywood ou Venise: il paraît que Paris ne s'éteint jamais. A Lyon, dès minuit, il n'y a plus rien. J'aime le côte provocateur de la ville.

DAVID
Tours

Salut! Moi, je suis à Tours, en ville ... et ce n'est pas formidable: le bruit! Avant j'étais dans le Midi, dans la campagne et c'était super! Je préfère largement courir dans la campagne que me promener en ville! Je t'envie beaucoup, tu sais, tu as de la chance!

CAROLINE
Ancenis

Tu sais, moi aussi, je vis à la campagne, mais je vais très souvent à Paris. J'adore l'ambiance des grandes villes, et de celle-ci en particulier. Les gens y semblent plus actifs, plus vivants que ceux qui vivent à la campagne.

Je déteste la nature

- Lisez cette bande dessinée, êtes-vous comme Elsa?

- Etes-vous ville ou campagne? Faites la liste des avantages et des inconvénients de la ville ou de la campagne.

EXEMPLE

Je suis 'campagne' parce que j'aime la nature, l'air est pur…

Je suis 'ville' parce que j'aime les bruits de la ville, aller au cinéma, faire les magasins….

C'est la zone

- Lisez le poème de Rémi. Il parle du monde, de ses problèmes, mais aussi de son quartier.

  - Que pensez-vous de son poème?
  - Etes-vous d'accord avec lui et pourquoi?

- A votre tour décrivez votre quartier, votre ville, votre environnement. Le réseau de mots ci-dessous peut vous aider.

C'EST LA ZONE!
Qu'est-ce qui se passe dans notre Royaume. C'est la zone! C'est la zone! Qu'est-ce qui se passe dans notre Royaume. C'est l'Apocalypse now! L'homme détruit l'ozone. L'homme viole l'Amazone. Je te le dis mon ami: c'est la zone dans notre Royaume! Le mot paix n'existe pas dans le dictionnaire. L'homme ne sait faire que la guerre. Même dans mon quartier c'est la zone à chaque instant ça peut faire BOUM! Va savoir ce qui se passe dans la tête des fous. J'ai envie de partir mais pour aller où? Je suis condamné à vivre dans ce monde de fous!

Rémi, 17 ans, Rennes.

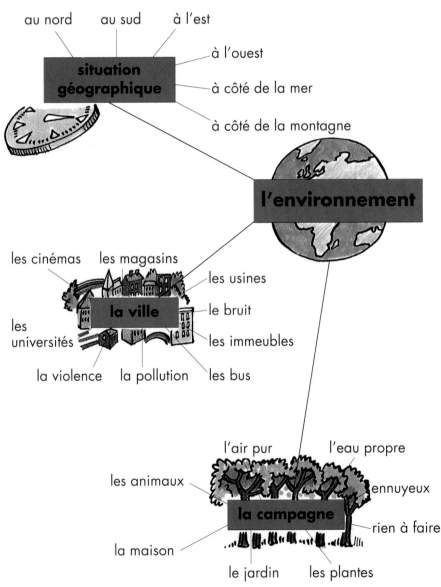

situation géographique — au nord, au sud, à l'est, à l'ouest, à côté de la mer, à côté de la montagne

l'environnement

la ville — les cinémas, les magasins, les usines, le bruit, les immeubles, les bus, la pollution, la violence, les universités

la campagne — l'air pur, l'eau propre, les animaux, ennuyeux, rien à faire, la maison, le jardin, les plantes

4 | **4.2** | ## Les jeunes Français et leur environnement

Remplissez la grille.

5 | ## Le trou d'ozone

- Avant de lire le texte que savez-vous du trou d'ozone?

- Lisez le texte.
    - A quoi sert la couche d'ozone?
    - Que vont faire les chercheurs au Pôle Sud?

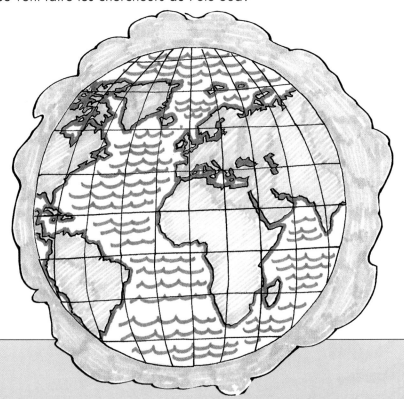

POURQUOI Y A-T-IL UN "TROU D'OZONE" DANS L'ATMOSPHERE?

Le Soleil envoie vers la Terre des rayons qui peuvent être très dangereux, par exemple les rayons ultraviolets. Heureusement, dans l'atmosphère qui entoure la Terre, à 25 kilomètres d'altitude, il existe une couche d'ozone, un gaz qui arrête ou filtre ces rayons dangereux. En 1985, on a découvert que cette couche d'ozone a un trou au-dessus du pôle Sud. Pire, ce trou s'agrandit! Cent cinquante chercheurs vont s'installer trois mois au pôle Sud. Avec des avions et des satellites, ils vont étudier l'atmosphère à 21 000 mètres d'altitude. Ainsi, on saura mieux à quoi est dû ce trou, et pourquoi il s'agrandit.

Effet de serre et raz de marée

Lisez les textes suivants, quelles sont les conséquences possibles du problème de la couche d'ozone et de la pollution (gaz carbonique)?

L'effet de serre

En arrivant au contact de l'atmosphère, une partie des rayons du Soleil est arrêtée par la couche d'ozone, et renvoyée dans l'espace: ce sont les rayons ultra-violets, très dangereux pour les hommes. Les autres rayons pénètrent dans l'atmosphère, et réchauffent la Terre. La Terre renvoie ensuite la chaleur, sous forme de rayons infrarouges. Ces rayons sont bloqués par l'atmosphère et renvoyés sur la Terre. C'est 'l'effet de serre' qui permet à la Terre d'avoir une température moyenne de 20 degrés celsius. Quand l'atmosphère contient trop de gaz carbonique, l'effet de serre augmente, la terre se réchauffe.

Raz de marée

Certains pays sont plus menacés que d'autres par le réchauffement de la Terre, et la montée du niveau de la mer.
Par exemple, **le cinquième du territoire de la Hollande a été pris sur la mer, et se trouve en dessous du niveau de la mer.** Chaque tempête fait craindre aux Hollandais un raz de marée, comme celui qui a fait près de 2 000 morts en 1953. Pour prévenir une telle catastrophe, ils ont construit des barrages et des digues, tout le long de la mer du Nord, sur plus de 300 kilomètres.

Allez les verts

Ecoutez la bande dessinée 'Allez les verts'.
Le père d'Elsa parle de gaspillage et des dangers pour la planète.
Notez ceux qui sont mentionnés dans la bande dessinée puis
continuez la liste en groupe ou en paire.

8   4.4   **Le gaspillage**

Ecoutez ces 3 conversations entre parents et adolescents. Ces parents pensent que ces jeunes gaspillent. Avant d'écouter la cassette, notez 2 ou 3 choses qu'ils peuvent gaspiller. Ecouter et comparez avec vos prédictions.

9   4.5   **Ils parlent de gaspillage**

Ecoutez les interviews de Laurent et Carole et répondez aux questions.

1   Laurent   – Qu'est-ce qu'il gaspille?
                     Quelles sont les solutions?

2   Carole   – Pense qu'elle aussi pollue la terre.
                     Comment? Que propose-t-elle de faire?

10   4.6   **9 gestes simples**

Répondez aux questions.

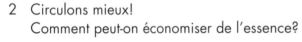

1   Economisons l'eau!
    Quelles sont les deux solutions proposées pour économiser l'eau?

2   Circulons mieux!
    Comment peut-on économiser de l'essence?

3   Plantons un arbre!
    Pourquoi est-il important de planter des arbres?

4   Ne gaspillons pas!
    Quelle est la conclusion de ce paragraphe?

5   Recyclons!
    Quel est l'exemple de recyclage mentionné dans ce paragraphe?

6   Ecoutons le silence!
    D'après ce paragraphe est-ce que le bruit est un type de pollution?

7   Agissons!
    Quels sont les mots clés de ce paragraphe?

Le 22 avril prochain, dans le monde entier, nous 'fêterons' le jour de la Terre. La Terre, notre planète ..., si belle, mais si fragile! La Terre, notre maison! Une maison qui doit rester habitable, pour continuer d'abriter notre bonheur. Une maison qu'il faut aimer, respecter, protéger, ordonner ... Comment? Par des petits gestes tout simples ...

ECONOMISER L'EAU!

Eau, 'tu n'es pas nécessaire à la vie: tu es la vie' a dit l'écrivain Antoine de Saint-Exupéry.

Sans elle, aucune vie n'est possible. Or, l'eau de la Terre, à 99%, est salée ou glacée. Pour l'homme, il ne reste donc que 1% d'eau douce disponible.

Cette eau précieuse, ne la gaspillons pas. Savez-vous, par exemple, qu'en laissant couler un robinet pendant trois minutes, le temps de se brosser les dents, on dépense 18 litres d'eau? Ne serait-il pas aussi simple d'utiliser un verre à dents?

Savez-vous aussi qu'un bain consomme 2,5 fois plus d'eau qu'une douche? Et qu'un robinet qui goutte gaspille, en un an, 35 000 litres d'eau ...?

CIRCULONS MIEUX!

Tous les mardis soir, votre mère vous accompagne au judo et vient vous rechercher. Celle de Cédric fait de même? Pourquoi ne pas vous organiser? L'une vous conduit tous les deux, et l'autre vous raccompagne.

Si un million de Français se passaient de voiture un seul jour par semaine, cela permettrait d'économiser 125 millions de litres d'essence chaque année.

Et puis, entre copains, pensez aux transports en commun; et, s'il fait beau, allez au judo à vélo!

PLANTONS UN ARBRE!

Vous avez un petit jardin? Plantez un arbre! Pour assainir l'air, mais aussi pour votre plaisir. Vous pouvez aussi planter un arbre pour la fête d'un être cher: c'est un cadeau qui l'accompagnera toute sa vie.

NE GASPILLONS PAS!

Achetez des ampoules compactes: elles sont plus chères que les ampoules à incandescence, mais elles durent six fois plus longtemps, et elles consomment moins que les ampoules classiques. Et puis, il y a, bien sûr, tous les petits gestes comme fermer un robinet, éteindre en sortant d'une pièce; des automatismes qui permettront d'économiser de l'eau, de produire moins d'électricité, d'économiser nos ressources.

RECYCLONS!

Consommer, consommer toujours, et puis jeter ... Qui n'a pas été tenté par ce mode de vie facile?

Mais quand nous mettons nos déchets à la poubelle, ils ne disparaissent pas miraculeusement.

De nombreux déchets peuvent être réutilisés pour faire du neuf. Un exemple: la récupération et l'utilisation du verre recyclé permettra d'économiser, en quantité, le sable de nos rivières et de nos forêts.

ECOUTONS LE SILENCE!

Le bruit pollue, énerve, fatigue, et blesse les oreilles. Les nôtres, mais aussi celles des autres. Respectons leur silence, leur paix intérieure. Lorsque vous vous promenez avec un baladeur sur les oreilles, inutile de mettre le volume à fond.

ACHETONS FUTÉ!

Vous adorez faire les magasins? Allez-y, mais pour votre déodorant, préférez un stick ou un vaporisateur sans CFC, ces gaz qui attaquent l'ozone de l'atmosphère.

Vous devez remplacer votre calculatrice? Choisissez une calculatrice solaire qui fonctionne sans pile. Vous êtes en panne de stylo? Offrez-vous un beau stylo, pas un stylo jetable. Les produits jetables sont fabriqués avec des matériaux qui ne sont pas biodégradables.

Vous êtes chargé de faire les courses? Choisissez des produits biologiques. Et n'achetez pas de produits aux emballages sophistiqués: ce sera moins lourd à porter, et il y aura moins de déchets.

SOURIONS, C'EST L'ESSENTIEL!

Vous l'avez compris. L'écologie ne se résume pas à quelques gestes utiles. C'est un art. L'art d'habiter notre planète-maison. L'art de vivre heureusement ensemble.

Pourquoi un sourire n'en ferait-il pas partie?

AGISSONS!

Et, si vous voulez aller plus loin, agissez! Sensibilisez vos parents, vos amis et tous ceux qui vous entourent. Réclamez à vos professeurs un exposé sur l'environnement. Participez aux stages des Centres Permanent d'Initiation à l'Environnement (CPIE), en écrivant à: Union nationale des CPIE, 22, rue Washington, 75008 Paris.

Et si vous souhaitez des renseignements complémentaires, voici aussi quelques adresses:

● France Nature Environnement, 57, rue Cuvier, 75231 Paris Cedex 05.

● Fonds mondial pour la nature (WWF), 151, boulevard de la Reine, 78000 Versailles.

● Les Amis de la Terre, 62 bis, rue des Peupliers, 92100 Boulogne.

L'impératif

- Relisez les paragraphes Achetons futé et Agissons et notez les impératifs.

- Do you remember how to make an impératif and when to use it?

Impératif: use the present tense and drop **tu, nous** or **vous** before the verb.

Economiser – (tu) économise(s)
(nous) économis**ons**
(vous) économis**ez**

Choisir – chois**is**
chois**issons**
chois**issez**

Produire – produ**is**
produis**ons**
produis**ez**

In the text l'impératif is used to give orders/advice but you can use it to:

request	– Passe-moi le dico.
encourage	– Bon travail! Continuez.
instruct	– Mélangez le lait, les oeufs.
persuade	– Lisez le Monde!
invite	– Viens au cinéma avec moi, ce soir.

Les bons conseils

Complétez (vous).

Des slogans

Faites des slogans avec ces verbes en reliant le verbe et les mots.
Mettez les verbes à l'impératif (nous).

14 Des slogans encore des slogans

Sur ce modèle, finissez le slogan.
La terre – Regardons-là!

15 4.7 Interview sur France Inter

- Avant d'écouter l'interview de ce responsable des Amis de la Terre
  sur le thème 'La terre est-elle en danger?', notez cinq choses qu'il
  peut mentionner. Ecoutez et vérifiez.

- Il faut …

  Relisez '9 gestes simples' et pour chaque paragraphe trouvez une
  solution aux problèmes de la pollution et du gaspillage.

il faut + infinitif

EXEMPLE   Pour économiser de l'essence, il faut prendre les transports
en commun.

16 4.8 Cela vous concerne?

Est-ce que ces 4 jeunes Français se sentent concernés
par les problèmes d'environnement?
Notez lesquels et pourquoi.

La terre est-elle en danger?

- Lisez l'opinion de ces jeunes Français. A leur avis la terre est-elle en danger?

- Qui parle
    - de la couche d'ozone?
    - de la destruction des forêts?
    - de la mort des animaux?
    - de la pollution de l'air?

- Faites la liste de leurs solutions.

    Il faudrait:

'Vous rendez-vous compte des dangers qui menacent notre 'planète bleue'? Que pensez-vous de ce que l'homme fait à la Terre? Merci de vos réponses!'
Laurianne, Chambéry (73)

'LA SITUATION N'EST PAS DÉSESPÉRÉE MAIS ATTENTION!'

Certains disent que la Terre a encore 150 ans à vivre. D'autres pensent que la Terre peut encore vivre des milliers d'années. Si belle, mais si fragile!

Personnellement, je pense que si l'on continue comme cela, notre planète n'ira pas bien loin! Mais nous avons fait quelques progrès: l'essence sans plomb, par exemple, ou certaines 'bombes' qui ne détruisent pas la couche d'ozone.

Quant au défrichement de la forêt amazonienne, je trouve cela révoltant. Nous avons besoin des plantes pour vivre! La situation n'est pas désespérée, mais il faut faire attention.

Candice, Martigues (13)

NOUS SOMMES EN TRAIN DE NOUS AUTODÉTRUIRE!

Salut Laurianne! Oui, je me rends compte des dangers qui menacent notre Terre! Et ça me fait peur ... Pas seulement peur pour moi, ma famille, mais pour ces milliers d'oiseaux, de phoques qui vont mourir englués, asphyxiés dans les nombreuses marées noires.

Et le plus terrible, c'est qu'il n'y a que quelques hommes et femmes qui s'en rendent compte!

Si tu veux mon avis, même s'il est très pessimiste, nous sommes en train de nous autodétruire! ... Salut!

Aude, Rennes (35)

UN DÉBAT GRAVE QUI NOUS CONCERNE TOUS

Salut Laurianne. A mon avis, si tout le monde faisait attention à acheter des produits marqués 'protège la couche d'ozone', et si on ne coupait plus les forêts qui nous procurent l'oxygène, nous aurions moins de problèmes!

Ce débat est un débat grave qui nous concerne tous, même si certains voudraient l'ignorer!

Elsa, Sanvignes-les-Mines

TOUS LES PAYS DOIVENT, ENSEMBLE, SE METTRE D'ACCORD

Chère Laurianne, ce qu'il faudrait, c'est que les gens utilisent moins leurs voitures, que les industriels adaptent leurs usines pour qu'elles polluent moins, qu'il y ait plus d'usines de récupération.

A notre époque, où la pollution inquiète beaucoup, il n'y a qu'une solution: tous les pays doivent, ensemble, se mettre d'accord sur une politique de dépollution. J'espère que nous entendrons parler prochainement de tels projets. Salut!

Sophie, Saint-Quentin (02)

- A vous!

  En paire ou en groupe organisez un débat. Le schéma suivant peut vous aider.

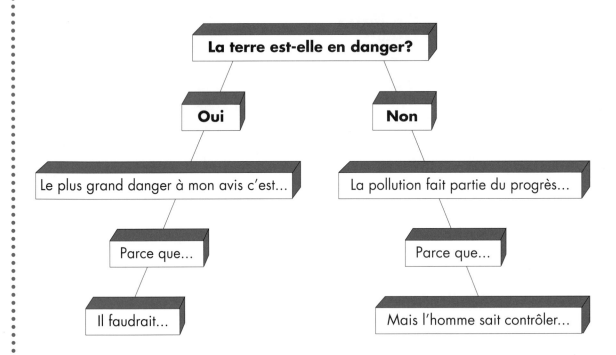

La terre est-elle en danger?

Oui — Le plus grand danger à mon avis c'est… — Parce que… — Il faudrait…

Non — La pollution fait partie du progrès… — Parce que… — Mais l'homme sait contrôler…

- Ecrivez un petit paragraphe en répondant à la question: la terre est-elle en danger?

| 18 | **Préparer une lettre** |

A la fin du texte '9 gestes simples', vous avez des adresses d'organismes de protection de la nature.

- Préparez une lettre en:

  - vous présentant
  - expliquant pourquoi vous voulez des informations (exposé, projet…)
  - demandant des documents, posters, statistiques …

- Gardez une copie de la lettre dans votre portefolio, envoyez la lettre et ajoutez la copie de la réponse. Le schéma suivant peut vous aider.

Votre nom   Ville-date
Votre adresse   Adresse où vous écrivez

Monsieur/Madame/Mademoiselle

Je vous prie d'agréer, l'expression de mes sentiments distigués.

Signature

ATTENTION
Les mois de l'année en français ne prennent pas de majuscule.

le 7 janvier   le 27 mai   le 23 septembre

le 12 février   le 10 juin   le 20 octobre

le 18 mars   le 14 juillet   le 29 novembre

le 20 avril   le 15 août   le 25 décembre

Quelques expressions de politesse:
En vous remerciant d'avance.
Avec tous mes remerciements.

Rappel: le conditionnel

Dans les lettres officielles, on emploie souvent le conditionnel comme forme de politesse.

EXEMPLE   Nous aimerions des informations sur la pollution.
           Nous voudrions des documents sur l'énergie atomique.

La formation du conditionnel

Verbe à l'infinitif + terminaisons de l'imparfait

Aimer
Choisir   **ais ais ait ions iez aient**
Prendre

Les verbes irréguliers
Le verbe ressemble au futur + les terminaisons de l'imparfait.

Infinitif	Futur	Conditionnel
vouloir	je voud(rai)	je voudrais
pouvoir	je pour(rai)	je pourrais
être	je ser(ai)	je serais
faire	je fer(ai)	je ferais
aller	j'ir(ai)	j'irais
venir	je viendr(ai)	je viendrais
avoir	j'aur(ai)	j'aurais

On utilise le conditionnel pour exprimer

- un souhait: **j'aimerais** un monde sans pollution.
- une condition: si les hommes **faisaient** attention, la terre **serait** plus propre.

Complétez et cochez

Projet: **Campagne d'information sur l'environnement**

Réalisez en groupe un dossier environnement sur votre pays, région, ville, quartier, ou même votre école.

1 – Trouvez des documents sur les problèmes/les menaces.
   – Ecrivez des articles et illustrez-les avec des photos.
   – Réalisez des panneaux d'informations sur ces problèmes.

2 Composez vos solutions avec des slogans, des articles conseils recyclages/économisez l'énergie.

3 Préparez une pétition de classe où vous donnez votre avis et vous le signez.

EXEMPLE
   'Je pense qu'il faut améliorer les transports en communs (bus/train...) pour écomoniser l'énergie et réduire la pollution des villes'. Eoin.

4 Affichez les panneaux dans votre classe.

Note: Pourquoi ne pas réaliser ce projet avec l'aide d'autres professeurs. Par exemple le professeur de dessin, d'arts ménagers, de biologie... Gardez une copie du projet dans votre 'portefolio'.

- Lisez l'interview du Commandant Cousteau et remplissez la grille pour analyser et comprendre ce texte.

- Trouvez dans le texte la définition de 'l'effet de serre'.

CINQ QUESTIONS AU COMMANDANT COUSTEAU

Sylvie Fontaine a eu la chance de rencontrer personnellement le commandant Cousteau. Vous savez que, depuis plusieurs semaines déjà, il travaille à mobiliser le maximum de gens sur le problème de l'Antarctique. Il nous a fait part de ses inquiétudes ... et de sa confiance dans les jeunes.

S. F.: *Quels dangers menacent l'Antarctique, aujourd'hui?*

Commandant Cousteau:
Ce continent est un fantastique stock d'eau douce, qui représente près de 95% de la glace de la planète. Il est très sensible aux variations de température.

L'exploitation des minerais risque de provoquer la fonte des glaces et, par conséquent, la montée du niveau des océans. Cela condamnerait la plupart des ports

comme Londres, Yokohama, New York, Gênes, Naples, Hambourg, Marseille et bien d'autres encore.

Je me demande vraiment pourquoi on prend de tels risques, alors que les réserves minières mondiales sont suffisantes.

S. F.: *Que voulez-vous faire pour empêcher cela?*

Commandant Cousteau:
Il faut déclarer l'Antarctique 'parc mondial', afin de protéger la dernière vie sauvage, le climat mondial et le niveau des océans.

S. F.: *Pourquoi ne faites-vous pas des pétitions pour chaque grand problème écologique?*

Commandant Cousteau:
A chaque problème, ses remèdes. La mobilisation sur l'Antarctique est tout à fait réalisable.

Mais, il est difficile de faire une telle opération sur les problèmes de surpopulation dans les pays asiatiques et africains, que je considère comme le problème numéro un aujourd'hui.

De même, 'l'effet de serre', c'est-à-dire le réchauffement de la planète, ne peut pas être résolu par une manifestation. Pour lutter contre ce réchauffement, il faut 'révolutionner' tout notre système de vie.

S. F.: *Quels sont, à votre avis, les autres grands problèmes qui menacent la planète?*

Commandant Cousteau:
Je suis particulièrement préoccupé par les guerres et l'utilisation de l'énergie atomique, qui sont des menaces pour l'humanité.

Je pense que les problèmes du Tiers-Monde s'aggravent. Il y a un manque d'éducation, même dans les pays développés.

Enfin, j'estime que la politique de l'environnement n'est pas suffisante.

S. F.: *Quel message avez-vous envie d'adresser plus particulièrement aux lecteurs?*

Commandant Cousteau:
Apprenez l'écologie à vos parents!

Les jeunes jouent un grand rôle dans le mouvement écologique. J'ai beaucoup de confiance dans les réactions des jeunes.

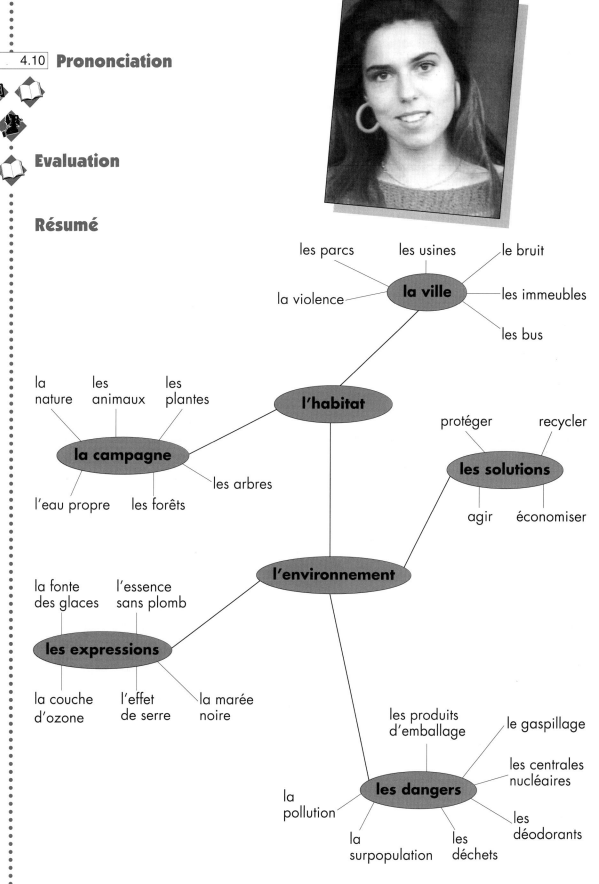

Evaluation

Résumé

les parcs   les usines   le bruit

la violence   **la ville**   les immeubles

les bus

la
nature   les
animaux   les
plantes

la campagne   **l'habitat**

protéger   recycler

les solutions

les arbres

l'eau propre   les forêts   agir   économiser

la fonte
des glaces   l'essence
sans plomb   **l'environnement**

les expressions

la couche
d'ozone   l'effet
de serre   la marée
noire

les produits
d'emballage   le gaspillage

les centrales
nucléaires

la
pollution   **les dangers**

les
déodorants

la
surpopulation   les
déchets

L'impératif: Use the present tense and drop tu, nous or vous before the verb.

Economiser	**Choisir**	**Produire**
~~(tu)~~ économise~~(s)~~	choisis	produis
~~(nous)~~ économisons	choisissons	produisons
~~(vous)~~ économisez.	choisissez	produisez

Use the impératif to give an order, advise, request, encourage, instruct, persuade, invite.

Le pronom et l'impératif

Je sauve **la forêt**.
Je **la** sauve.
Sauvons-**la**!

Le conditionnel

Verbe infinitif + ais/ais/ait/ions/iez/aient

J'aimer – ais

verbes irréguliers

vouloir	– je voudrais
pouvoir	– je pourrais
être	– je serais
faire	– je ferais
aller	– j'irais
venir	– je viendrais
avoir	– j'aurais

Use the conditionnel to express:

- a wish
- a condition
- to request politely

L'abbé Pierre

- Avant de lire le texte, lisez le titre, le sous-titre et regardez le format du texte.

  - S'agit-il ... d'une autobiographie?
    d'une interview?

- Lisez les questions seulement. Dans quel paragraphe:

  - parle-t-il de ses compagnons?
  - parle-t-il de ce qui a motivé son action?
  - donne-t-il un message aux jeunes?

- Lisez le texte.

  - Quel type d'homme est l'abbé Pierre, notez les mots clés le décrivant et décrivant son action?
  - Que doivent faire les jeunes d'après lui?
  - A votre avis, pourquoi dit-il que 'les hommes sont condamnés à tout savoir'?

L'ABBÉ PIERRE

'La colère et l'amour sont absolument indissociables'

Au cours d'un passage à Paris, l'abbé Pierre a reçu André Ballard, journaliste. Il lui a raconté son aventure extraordinaire.

André Ballard: *Vous êtes surtout connu pour votre action en 1954. Que s'est-il passé cette année-là?*

Abbé Pierre: Cette année-là, le froid a été terrible. Il faisait – 20° à Paris. Vous savez, après la guerre, on manquait de logements, beaucoup de gens vivaient dans les rues.

Et tous ces gens qui souffraient, on ne les entendait pas. Or, moi, je pouvais parler. J'étais déjà un peu connu, parce que j'étais député du Parlement. Alors, quand un bébé est mort de froid, puis une femme, j'ai essayé d'obtenir de l'aide, d'ouvrir les yeux de nos ministres.

A. B.: *A ce moment-là, vous étiez véritablement pris de colère. Etes-vous donc un homme de colère?*

Abbé Pierre: Pas ordinairement. Mais si vous voyez votre enfant maltraité, et que vous n'êtes pas en colère, vous n'avez pas d'amour.

Ma colère a été entendue! En un mois, nous avons reçu environ trois cent mille lettres ou paquets.

A. B.: *Comment pouviez-vous imaginer soulager la misère du monde à vous tout seul?*

Abbé Pierre: Je n'étais pas seul justement. Depuis quatre ans, j'avais autour de moi des compagnons, tous plus ou moins clochards ou sortis de prison. Tous ensemble, nous essayions de loger des sans-abri. Voyez comme la situation était incroyable: c'étaient des gens pauvres et misérables qui aidaient les plus pauvres qu'eux.

A. B.: *Comment avez-vous commencé?*

Abbé Pierre: Au début, j'accueillais, dans ma maison, les familles. Mais, bientôt, ma maison n'a plus suffi.

J'étais député, alors j'avais assez d'argent pour acheter un terrain. J'ai commencé à construire une maison, puis deux, puis trois. Les familles arrivaient de partout, c'était fou!

Puis j'ai quitté le Parlement et nous n'avons plus eu d'argent. Alors j'ai mendié, à Neuilly, de quoi manger. Ce jour-là est née la première 'communauté d'Emmaüs'.

Nous avons appris qu'en faisant consciencieusement un travail de récupération de vieux objets, de vieux vêtements, on pouvait vivre et même aider les autres.

A. B.: *Que pouvez-vous dire aux jeunes qui ont 10-15 ans aujourd'hui?*

Abbé Pierre: Ce qu'il faut leur dire, c'est que les événements du monde sont en train de faire un homme nouveau.

C'est la première fois que les hommes sont condamnés à 'tout savoir'. On ne pourra plus jamais dire: 'Nous ne savions pas'.

Nous entendons tout à la radio, nous voyons tout à la télévision. Il est donc impossible de prétendre que l'on ne sait pas.

On sait la violence, on sait la misère, l'injustice. Les jeunes d'aujourd'hui doivent avoir comme seule ambition d'inventer d'autres formes de partage.

Les Misérables

- Notez la description du père Madeleine. Qui est-il d'après vous?

- Monsieur le maire (Monsieur Madeleine) est un homme bon et respecté comme Monseigneur l'évêque de Digne, pourquoi? Notez ce qu'il a fait pour être aimé et respecté.

- Par contraste Javert n'est pas aimé, notez des mots qui le montrent dans sa description physique et ses actions.

Le père Madeleine et son ennemi Javert

Cette mère, qui, pour les gens de Montfermeil, semble avoir oublié son enfant, que devient-elle, que fait-elle?

Après avoir laissé sa petite Cosette aux Thénardier, elle a continué son chemin et elle est arrivée à Montreuil-sur-Mer. Cette ville a bien changé depuis une dizaine d'années. Vers la fin de 1815, un homme, *un inconnu*, est venu et en moins de trois ans il est devenu riche et il a rendu tout le monde riche. Par lui, Montreuil est devenue une ville d'affaires qui commerce jusqu'à Londres, Madrid et Berlin. Le Père Madeleine gagne beaucoup d'argent et la deuxième année il construit une grande usine. Ceux qui ont faim peuvent s'y présenter. Ils sont sûr de trouver là du travail.

On ne sait rien du passé de cet homme. On raconte qu'il est venu dans la ville avec peu d'argent, quelques centaines de francs au plus, et qu'il avait les vêtements et *la façon de* parler d'un ouvrier. Il paraît que, le jour où il a fait son entrée dans la petite ville, le sac au dos et le bâton à la main, *le feu* a pris à *la mairie*. Il s'est jeté dans le feu; il a sauvé les deux enfants d'un gendarme, et on n'a pas pensé à lui demander d'explications. Depuis on a su son nom. Il s'appelle le Père Madeleine.

C'est un homme d'environ cinquante ans, qui a l'air sérieux et qui est bon. Voilà tout ce qu'on peut dire.

En 1820, cinq ans après son arrivée à Montreuil-sur-Mer, le roi le nomme maire de la ville. Il refuse; mais on le prie tant qu'il doit dire oui. C'est une vieille femme du peuple qui l'a décidé. Elle lui a crié: 'Un bon maire, c'est utile. Est-ce qu'on recule devant *le bien* qu'on peut faire?'

Le père Madeleine était devenu M. Madeleine. M. Madeleine devient M. le maire ... Il reste aussi simple que le premier jour. Il a les cheveux gris, l'oeil sérieux, la peau dure de l'ouvrier. Il porte habituellement un grand chapeau et une longue veste de drap. Il remplit ses devoirs de maire; mais en dehors de la mairie, il vit seul. Il parle à peu de monde, salue de loin, sourit, s'en va vite.

Comme tous les hommes qui réussissent, M. Madeleine n'est d'abord pas aimé; mais il arrive un moment où ce mot, 'M. le maire', est dit à

Montreuil-sur-Mer comme cet autre mot, 'Monseigneur l'évêque', était dit à Digne en 1813. On vient de quarante kilomètres lui demander conseil.
Un seul homme, dans le pays, refuse son amitié à M. Madeleine.
Cet homme se nomme Javert, et il est de la police.
Javert a un gros nez plat, deux trous dans le nez, autour, sur les joues, beaucoup de poils. Quand il rit, ce qui est rare et terrible, ses lèvres minces s'ouvrent et laissent voir toutes ses dents, sa peau fait des plis autour du nez et il a l'air d'*une bête*.
Il est sérieux, rêveur et triste. Son regard est *un couteau*. Cela est froid et entre. Il travaille jour et nuit. Il est policier comme on est prêtre. Pour lui, un agent du gouvernement, aussi petit qu'il soit, ne peut se tromper et rien de bon ne peut sortir de quelqu'un qui a fait la faute la plus *légère*. Malheur à qui *tombe* sous sa main! Il arrêterait son père et sa mère et avec joie.
Javert est comme *un oeil planté* sur M. Madeleine. Celui-ci finit par s'en apercevoir, mais il semble qu'il *s'en moque*. Il porte, sans paraître y faire attention, ce regard gênant et presque lourd. Il est bon avec cet homme comme il est bon avec tout le monde.

un inconnu – *unknown person*; la façon de – *the way to*; le feu – *fire*; la mairie – *townhall*; le bien – *the good*; une bête – *animal*; un couteau – *knife*; légère – *light*; tomber – *to fall*; un oeil planté – *staring at*; se moquer de – *not to care for*

LES MISERABLES TOME 1 – FANTINE: Adaptation en français facile par P de BEAUMONT
© Hachette.

Unité 5

Le look

OBJECTIFS
- Parler de vos vêtements
- Décrire votre uniforme
- Décrire les styles/modes
- Acheter un cadeau
- Lire des textes à propos du look
- Donner votre opinion à propos de la mode
- Le look et l'hygiène

Comment je m'habille?

Avez-vous le même problème qu'Elsa?
Que pensez-vous de cette bande dessinée?

Ecoutez et lisez la lettre de Bruno.

- D'après la description de Bruno, comment appelez-vous son style?
- Quel est le problème de Bruno?
- Etes-vous d'accord avec son père? Pourquoi?
- Pensez-vous que Bruno est un révolté/un délinquant?
- Avez-vous le même problème? Pourquoi?

AVEZ-VOUS LE BON LOOK?

Est-ce stupide d'avoir un look différent?

Je m'explique: j'ai adopté un style que j'appellerais 'New Cold Wave'. C'est-à-dire que je m'habille strictement en noir avec une touche de rouge ou de blanc. Je porte une chaîne à mon pantalon, un imper noir, un chapeau noir et une bague, un crucifix et une boucle d'oreille à l'oreille ainsi qu'une trentaine de bracelets noirs et un bracelet rouge.

Alors, à chaque fois que je sors, les gens me regardent, mon père me dit que je ne travaillerai pas au lycée.

En fait, si je m'habille comme ça, c'est parce que je trouve les autres d'une banalité à mourir. Partout, les gens sont habillés de la même façon. Peut-être suis-je un révolté? Mais en tout cas, je ne me prends pas au sérieux. Vous qui êtes dans mon cas, écrivez-moi pour prouver qu'on peut avoir un look différent sans être un délinquant.

Bruno, 1re

Mon look

- Composez votre look. En paire, avec les mots suivants, décrivez votre look à votre voisin ou voisine.

    – Quand je suis à l'école, je porte ...
    – Quand je suis chez moi, je porte ...
    – Quand je sors, je porte ...

- Ecrivez un petit paragraphe.

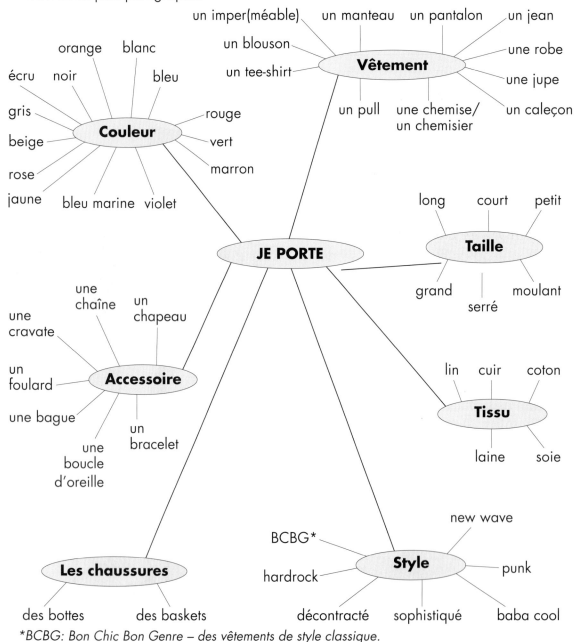

Vêtement: un imper(méable), un manteau, un pantalon, un jean, un blouson, une robe, un tee-shirt, une jupe, un pull, une chemise/un chemisier, un caleçon

Couleur: orange, blanc, écru, noir, bleu, gris, rouge, beige, vert, rose, marron, jaune, bleu marine, violet

JE PORTE

Taille: long, court, petit, grand, moulant, serré

Accessoire: une chaîne, un chapeau, une cravate, un foulard, une bague, un bracelet, une boucle d'oreille

Tissu: lin, cuir, coton, laine, soie

Les chaussures: des bottes, des baskets

Style: new wave, BCBG*, punk, hardrock, décontracté, sophistiqué, baba cool

*BCBG: Bon Chic Bon Genre – des vêtements de style classique.

Rappel l'adjectif

Je porte *une robe* vert**e**, longu**e**.
Mes vêtements sont noir**s** et rouge**s**.

Masculin		Féminin	
Singulier	Pluriel	Singulier	Pluriel
–	**s**	**e**	**es**

ATTENTION: La place de l'adjectif

L'adjectif se place le plus souvent après le nom.

EXEMPLE: un pull **rouge**
                    un homme **grand**

Cependant on peut le trouver avant le nom. Il a souvent une autre signification:

un **grand** homme = un homme important/célèbre

ATTENTION: La prononciation au féminin

cour(t̸)/cour**t**e   on prononce le **t**
gri(s̸)/gri**s**e   on prononce **z**

Reliez

Reliez les noms et les adjectifs.

Mots cachés

Trouvez les mots.

 Le look et les Français

Ecoutez ces jeunes Français qui décrivent leurs vêtements. Remplissez la grille.

89

- Faites correspondre les photos et les textes.

- Que pensez-vous du prix de leur look?

- Est-ce que votre look vous coûte cher?

- Avez-vous autant d'argent de poche que Yoan?

1

Carole, 18 ans, Terminale

Levis toujours! Carole est tombée dans la marmite du 501 quand elle était petite. Elle a trouvé son pantalon (250F) et sa veste (350F) aux puces de Clignancourt. Même son polo blanc acheté 16$ à Miami est un Levi's. Pour la 'classe', Carole rehausse son look de boucles d'oreilles en or (2500F) empruntées à sa mère. Son budget: ses parents lui donnent 200F tous les samedis soir et plus quand un achat vêtements est programmé.

2

Eléonore et Clémence, 15 ans, 2de

On peut difficilement trouver plus 'Agnès B' que ces deux soeurs jumelles. Eléonore et Clémence réussissent l'exploit de rassembler cinq pièces de la styliste parisienne: une salopette (400F), une marinière (350F), deux gilets (2 x 440F), et un tee-shirt (300F). 'On s'habille en Agnès B parce que ça fait jeune et en même temps pas trop teen-ager.' Quand elles ont des bonnes notes, Eléonore et Clémence reçoivent chaque mois autour de 200F. Une somme réduite à 100F en cas de mauvais résultats.

3

Lucie, 16 ans

Aujourd'hui, Lucie a choisi une atmosphère Peace and Love, saveur seventies. Parfaite illustration, le pantalon 'pattes d'eph'' de sa mère, trouvé dans un vieux placard avec une veste Kookai noire (600F) un tee-shirt Prisunic noir (100F), des chaussures trouvées dans un petit village de campagne (170F). Sans oublier le top des tops: la croix Ankh 'made in Egypt', symbole de longue vie des pharaons. Tout ça pour 400F d'argent de poche mensuel. Pas mal, non?

4

Sam, 15 ans et demi, 3e

'Je ne suis pas un mouton!' avertit Sam. Avec 400F d'argent de poche par mois, il cultive sans problème son originalité. D'abord la chemise 'Expansion' (environ 200F) dont il ne ferme jamais que le bouton du haut, et la queue de cheval bien serrée. Ensuite, les colliers de perles qu'il se fabrique lui-même. Pour son collier 'Jim Morrison', blanc, rouge et noir, il s'est acheté les perles à la Droguerie aux Halles. Un vrai travail d'orfèvre!

5

Yoan, 15 ans

Nike Air (800F), Bomber's (550F), casquette Georgetown (100F) et sac à dos Creeks (200F): le look de Yoan a avant tout un fort goût d'Amérique. Remarquez-il peut. Avec un budget de près de 1500F d'argent de poche par mois, on est assez à l'aise. 'Le plus important c'est de s'habiller dans la mode, de faire comme tout le monde. Je ne pourrais jamais m'habiller en dehors de mon époque, dans le style des années 30 ou 60, confie-t-il.

A

B

C

D

E

91

J'ai besoin de ...

Ecoutez ces conversations entre parents et adolescents. Ces
adolescents demandent une avance de leur argent de poche pour
acheter des vêtements.
Notez qu'est-ce qu'ils veulent acheter et combien d'argent ils
veulent. Est-ce que leurs parents acceptent ou refusent?

Prêt-à-porter

Ecoutez ce defilé de mode. Notez la description des vêtements.

Défilé de modes

Ce texte est extrait du Figaro (magazine pour adultes). Il explique aux
parents les différentes modes et styles.
Que pensez-vous des descriptions?
Pour chaque paragraphe trouvez un mot clé.

EXEMPLE: Le baba-cool = hippies

Le baba cool. *C'est un descendant des hippies, écologistes et du
flower power (écologisme).*

Le hard-rocker. *Il est hard. Pour lui l'essentiel est d'écouter de la
musique. Volontiers vulgaire dans son langage. On le rencontre
habituellement chez les très jeunes (moins de 16 ans) ou chez les
très vieux (plus de 25 ans).
Son look agressif – jeans et cuir noir, tee-shirt, cheveux longs et
sales, baskets, tatouages – n'appelle pas le dialogue.*

Le teddy. *Encore un rocker, mais nostalgique cette fois des années
cinquante. Egalement appelé Rocky, le teddy s'habille, parle et vit
comme les héros d'American Graffiti et n'écoute qu'Elvis Presley.*

Le punk. *Ses années de référence s'arrêtent en 1977. Les garçons
sont rasés ou coiffés à la huron, en brosse.
Leurs vêtements propres mais déchirés. En France, ils sont plutôt
non violents et à Londres violents, pour eux tout est rotten (pourri).*

Le funky. *A la fois clean et branché. Le plus souvent en blouson de toile blanc et bleu, baskets et tee-shirt, il danse beaucoup et aime les musiques soul et funk.*

Le B.C.B.G. *Il ne fait pas peur à ses parents mais il les ruine: il ne tolère que les jeans 501 Levi's, les chaussettes Burlington, etc. Il ne crée pas mais copie.*

Le smurfeur ou breaker. *Très jeune, immigré de préférence (car plus talentueux) noir, il a une sorte de courant électrique qui lui traverse tout le corps.*

Le new wave. *Le seul véritable branché. L'innovateur complet. Il récupère en catastrophe tout ce que est original. Il l'abandonne dès que son voisin le porte. Individualiste...*

Le rasta. *Le rasta est plutôt rare. On ne peut plus allumer une radio sans entendre du reggae (Bob Marley, Touré Kunda, musique africaine). Grosse influence chez les jeunes.*

2 | **5.7** | ## A la terrasse d'un café

Ecoutez les bavardages de ces jeunes.
Mettez des étiquettes à leurs descriptions:

- B.C.B.G.
- Hard Rock
- Baba Cool
- Punk

3 | **5.8** | ## Un cadeau

C'est l'anniversaire de Christine. Ses deux amies cherchent un cadeau.

- Combien ont-elles d'argent?
- Dans quel magasin vont-elles?
- Quels sont les cadeaux auxquels elles pensent?
- Qu'est-ce qu'elles achètent?

14 Que pensez-vous de la mode?

• Lisez les lettres de ces Français.

- Est-ce que la mode les intéresse?
- Reliez les noms et les opinions.

• Ces jeunes Français parlent du problème des vêtements de marque.
Etes-vous esclaves des Levi's 501, de Reebok?
Qu'en pensez-vous?

• Répondez à Céline en écrivant une lettre.

- Est-ce que la mode vous intéresse?
- Etes-vous branché ou classique?
- Est-ce que vous suivez un style de mode?

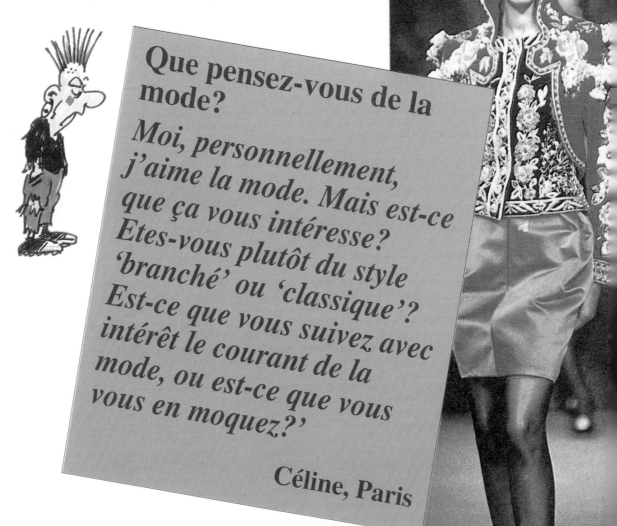

Que pensez-vous de la mode?

Moi, personnellement, j'aime la mode. Mais est-ce que ça vous intéresse? Etes-vous plutôt du style 'branché' ou 'classique'? Est-ce que vous suivez avec intérêt le courant de la mode, ou est-ce que vous en moquez?'

Céline, Paris

SALUT, CÉLINE

'Salut, Céline! Ta question m'intéresse beaucoup car, à mon âge (j'ai presque 14 ans), on aime bien être à la mode. La mode m'intéresse beaucoup: j'aime bien regarder les défilés, ou feuilleter un magazine. Pourtant, je ne suis pas la mode.

J'ai ma manière de m'habiller; j'essaie d'exprimer ma personnalité. Je ne suis ni branchée ni classique, mais décontractée.

Gros bisous.

Jeanne, Conflans-Saint-Honorine (78)

'Salut, Céline! Ta question m'a intéressée.

Premièrement, je dois dire que la mode m'intéresse, car elle nous fait changer de look, et nous en avons besoin. Par contre, il ne faut pas en abuser!

J'ai des copines quand la collection Kookaï sort, elles se mettent à genoux devant leur parents 'Je veux cette robe, ou alors, je veux un pull Chevignon, ou...' Les originaux ne suivent pas la mode.

Bisous!

Delphine, 15 ans, Sainte-Marie-aux-Mines (68)

'Salut, Céline! Voici, en quelques phrases, ce que représente la mode pour nous: tout d'abord, c'est un moyen d'exprimer son humeur, en s'habillant 'classique' ou 'branché'.

Ensuite, ce n'est pas parce que l'un de nos copains a un blouson Chevignon ou un jean Levis, que l'on doit courir l'acheter!

Enfin, pour nous, chacun est libre de créer sa propre mode, mais l'essentiel est de bien s'habiller pour être bien dans son corps. Alors crée ta mode!'

Agathe, 15 ans, Cergy (95) et Julie, 16 ans, Courcelles (95)

'Salut, Céline! Ta question m'intéresse car j'ai un copain qui ne peut pas vivre sans avoir des marques sur lui, du genre Reebok ou Nike. Il en est vêtu de la tête aux pieds, même les chaussettes!

Pour moi la mode, c'est amusant mais on peut tout à fait vivre sans la mode.'

Benoît, 16 ans, Val-d'Oise (95)

15   5.9   **Les Français et la mode en Irlande**

Ces jeunes Français sont en vacances en Irlande.
Ils parlent du problème des vêtements de marque à l'école en France
et comparent avec l'uniforme en Irlande.

- Notez 2 avantages et 2 inconvénients de l'uniforme à l'école.

- Ecoutez ces jeunes, qu'en pensent-ils?

- Ecrivez un paragraphe qui décrit votre uniforme et qui donne votre
  avis sur porter l'uniforme à l'école.
  Considérez premièrement le pour puis le contre.

16   5.10   **Le look**

Avant d'écouter l'interview de la sociologue Anne Laurent Beg
regardez les questions qui lui ont été posées. Devinez ses réponses.

- Est-ce que le look est important pour les adolescents?
  Pour les filles? Pour les garçons?
- Comment les adolescents choisissent-ils leurs vêtements?
- Le look est-il un sujet de conflit avec les parents?

L'amour c'est plus comme avant

Lisez cette bande dessinée. Elsa n'a pas vraiment de problèmes avec ses parents qui sont très compréhensifs. Avez-vous des problèmes avec votre mère ou votre père à propos des vêtements que vous choisissez? Lesquels? Pourquoi? Discutez avec votre voisin/voisine puis écrivez un petit paragraphe sur ce sujet.

"L'AMOUR, C'EST PLUS COMME AVANT", par Wolinski

Le look, c'est aussi l'acné et les dents

- Lisez le texte et faites la liste des conseils donnés pour ne pas avoir trop d'acné et pour avoir de bonnes dents.

- Avez-vous appris quelque chose de nouveau à propos de l'acné ou de vos dents? Quoi?

Look
acné...dents...

Acné

50% des adolescents sont confrontés à l'acné.

L'acné, c'est votre bête noire. Cette affection liée à la puberté touche environ 50% des jeunes. Elle se manifeste par l'apparition de boutons sur le visage, le dos et la poitrine. Ils sont parfois accompagnés de points noirs. Dans la plupart des cas, l'acné se résout spontanément vers 17-18 ans. Vous n'êtes pas tous égaux devant l'acné. Celle des garçons est souvent plus grave que celle des filles.

Une Hygiène Régulière

L'acné est en partie héréditaire. Il faut s'y résoudre; si vos parents étaient acnéiques, il y a de bonnes chances pour que vous le soyez aussi. En revanche et contrairement aux idées reçues, l'alimentation n'a pas d'influence. Il faut néanmoins une hygiène régulière. Et pas trop violente: utilisez plutôt un savon doux. De même, évitez de vous exposer au soleil sans protection. Les jeunes filles doivent éviter les maquillages trop épais. Crème de jour et maquillage léger devraient suffire.

Dents

Vous avez tendance à éviter le dentiste. Le plus souvent, vous attendez de souffrir pour lui rendre visite. Erreur! Vers l'âge de 13 ans, toutes les dents définitives sont en place. L'adolescence est donc une période importante pour la prévention des caries. Si vous franchissez la barre des 20 ans avec des dents saines, vous avez de bonnes chances de les conserver longtemps. Les filles sont toutefois plus soucieuses de leurs dents que les garçons, ne serait-ce que pour des raisons esthétiques. La première cause de carie dentaire est le sucre (bonbons, patisseries, confiseries ...), surtout lorsqu'il est consommé à la fin ou en dehors des repas.

L'hygiène dentaire est relativement simple. Elle demande surtout de la régularité. Vous devez vous brosser les dents pendant trois minutes après chaque repas.

Quand le look rend malade!

- Avant de lire la lettre d'Anne et le texte qui suit, que savez-vous de l'anorexie, la boulimie? Connaissez-vous des gens qui en ont souffert?

- Lisez la lettre d'Anne et les explications sur ces maladies.
  - Quels sont les symptômes de ces maladies?
  - Les causes?
  - Et comment guérir?

- D'après vous pourquoi est-ce que ce sont les filles qui sont les plus touchées, écrivez un petit paragraphe.

J'AI SOUFFERT D'ANOREXIE

Je viens de lire le dossier 'Votre santé' dans votre magazine. J'ai lu le passage sur l'anorexie. Moi, j'ai souffert d'anorexie mentale. Je n'ai d'abord pas vraiment pu me nourrir durant plusieurs mois et je devais aller chez le psychiatre. C'est une maladie où il faut s'affronter soi-même, se remettre en question. On doit ensuite 'réapprendre' à manger, subir des maux de ventre, etc.

Je voudrais savoir si d'autres filles (ou garçons) ont connu le même problème. J'aimerais aussi dire à ceux qui vivent la même situation que tout finit par aller mieux. Je commence à me remettre, la déprime fait lentement place au sourire et le rire est quelque chose de très important dans la vie!

Anne, Terminale

L'anorexie

Presqu'exclusivement féminin, cela touche dix filles pour un garçon. Ce mal commence souvent par le désir de faire un régime à cause d'un léger surpoids souvent réel (2 à 3 kg). L'anorexique continue le régime et n'a plus faim. Elle mange de moins en moins et va jusqu'à supprimer totalement certaines catégories d'aliments (sucres, graisses, féculents). Elle vit dans la peur intense de devenir grosse. Elle se sent énorme alors qu'elle est réduite à l'état de squelette! La malade perd alors 25 à 30% de son poids. Certaines peuvent perdre 50% ce qui peut signifier la mort.

A l'origine de l'anorexie il y a sans doute un refus de la féminité. Sans aucun doute un conflit avec son corps. Heureusement, beaucoup d'adolescentes souffrent d'une anorexie peu grave. L'anorexie grave se soigne en général par une hospitalisation où la malade va passer un 'contrat' avec le docteur et accepter de se réalimenter. Parallèlement, elle commencera une psychothérapie qui devra se poursuivre à sa sortie de l'hôpital.

La boulimie

La boulimie est une maladie récente. Cette maladie, essentiellement féminine, se caractérise par un irrépressible besoin de manger. Non par faim mais par angoisse. Non par gourmandise mais pour se remplir, se gaver. La boulimique avale n'importe quoi, en quantité énorme: parfois 5kg en une heure! Et comme elle est également obsédée par son poids, elle se fait vomir, ou arrête de se nourrir entre les crises. La boulimique opère en cachette. A la différence de l'anorexique, elle est parfaitement consciente. Alors pourquoi? Le plus souvent à cause de l'ennui, d'un sentiment de vide, d'un état dépressif. La encore, seule une psychothérapie peut soigner ce type de comportement.

Regardez ces deux publicités. Par le texte et par l'image qu'est-ce que chaque publicité vous promet et comment?

La dictature du look

- Avant de lire ce texte, remplissez la grille. D'accord, pas d'accord.

- Lisez le texte et trouvez qui dit quoi.

- En groupe, discutez du thème suivant:
    - L'habit ne fait pas le moine *(you can't judge a book by its cover)*.
    - Le schéma d'accord/désaccord est là pour vous aider.

NON À LA DICTATURE DU LOOK

Le look, toujours le look, encore le look. C'est important, mais il n'y a pas que ça dans la vie.
Du moins c'est vous qui le dites.

Je veux parler d'un problème important. On ne peut jamais être soi-même au lycée. Je trouve que nous sommes toujours obligés de jouer un certain rôle avec les élèves et aussi les profs. On est jugé, étiqueté, en fonction des mots qu'on dit, des vêtements qu'on porte (selon la longueur de ton jean, tu es BCBG ou bab), de la façon dont on parle... Je trouve ça terrible, et c'est comme ça aussi avec les parents, les amis. C'est seulement avec des copains très intimes qu'on peut parler librement et sans avoir peur d'être jugé. Mais malheureusement, les occasions sont rares.
Voilà, j'aimerais bien savoir si d'autres jeunes pensent comme moi et si on ne pourrait pas trouver quelque chose pour détruire cette 'dictature du look'.

Cécile, 15 ans

LA DICTATURE DU LOOK

La lettre de Cécile sur l'image et le rôle qu'on est forcé de jouer au lycée provoque des avis différents.

BCBG, BABA-COOL MÊME COMBAT

Je trouve que parler d'une 'dictature du look' est une réaction stupide. Que l'on soit BCBG, baba-cool ou autre on est nous-mêmes. Ton look c'est ta manière de t'exprimer. Tu penses que ce sont les autres qui te donnent une étiquette, or, ceci est complètement faux. C'est toi et toi seule qui décide d'être cool, bab... ou rien!

*Marie-Eugénie
16 ans*

LE COUP D'OEIL DES COPAINS

Un changement est jugé, étiqueté, critiqué, classé. Dès que l'on se détache du groupe, que l'on veut être original les copines disent. 'T'étais mieux avant' 'Bof, pas terrible' 'T'as pas peur du ridicule'! Assez! Ça finit par devenir impossible, ce jugement permanent! Le look n'est pas essentiel.

Anne

BAS LES MASQUES

En fait, nous nous cachons derrière des masques, une première impression. Les autres sont classés, on leur donne un rôle. Nous-mêmes, nous nous cachons par timidité, par manque de confiance. En fait, nous avons peur des autres et de leur jugement. Ces masques stoppent toute évolution chez nous et chez les autres.

On a différents masques suivant les lieux et les personnes...

Mais que faire pour rester toujours nous-mêmes, dans notre vie où tout nous est dicté par les autres?

Etienne, 2de, et Emilie 1re

Donner son opinion

je pense que...
je crois que...
à mon avis....

Exprimer son accord

tu as raison
je suis d'accord avec toi...
c'est vrai...
c'est exact...
c'est évident...

Exprimer son désaccord

non
pas du tout
absolument pas
je ne suis pas d'accord
je suis contre
pas question

Prendre la parole dans un débat

écoute!...
arrête!...
un moment!...
je m'excuse...
je proteste...
je t'arrête...

Redonner son opinion

moi je crois que
c'est ridicule
c'est stupide
je déteste...
je n'aime pas....

c'est pas juste
on ne doit pas juger...
tu n'as pas le droit...
il ne faut pas....

Continuer le débat

bon mais...
bon...
oui mais...
d'accord mais.....

Prononciation

Evaluation

Résumé

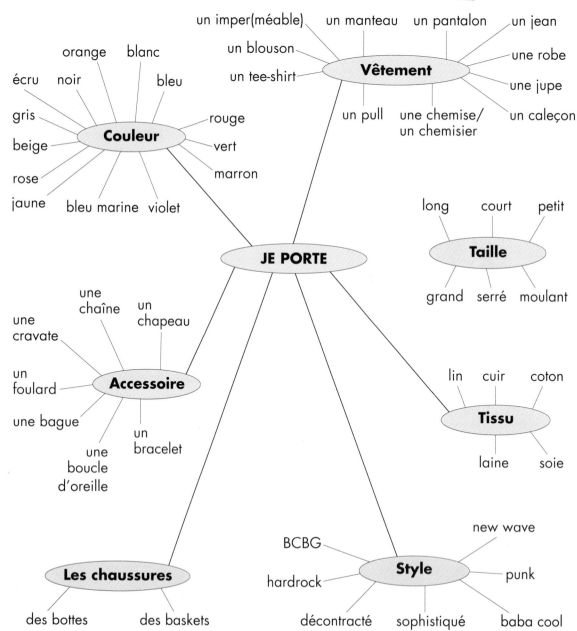

orange   blanc

écru   noir   bleu

gris   rouge

beige   **Couleur**   vert

rose   marron

jaune   bleu marine   violet

un imper(méable)   un manteau   un pantalon   un jean

un blouson   une robe

un tee-shirt   **Vêtement**   une jupe

un pull   une chemise/   un caleçon
un chemisier

JE PORTE

long   court   petit

Taille

grand   serré   moulant

une
chaîne   un
chapeau

une
cravate

un
foulard   **Accessoire**

une bague

une   un
boucle   bracelet
d'oreille

lin   cuir   coton

Tissu

laine   soie

Les chaussures

des bottes   des baskets

BCBG   new wave

hardrock   **Style**   punk

décontracté   sophistiqué   baba cool

L'Adjectif

Masculin		Féminin	
Sing	Pl	Sing	Pl
– vert	s verts	e verte	es vertes

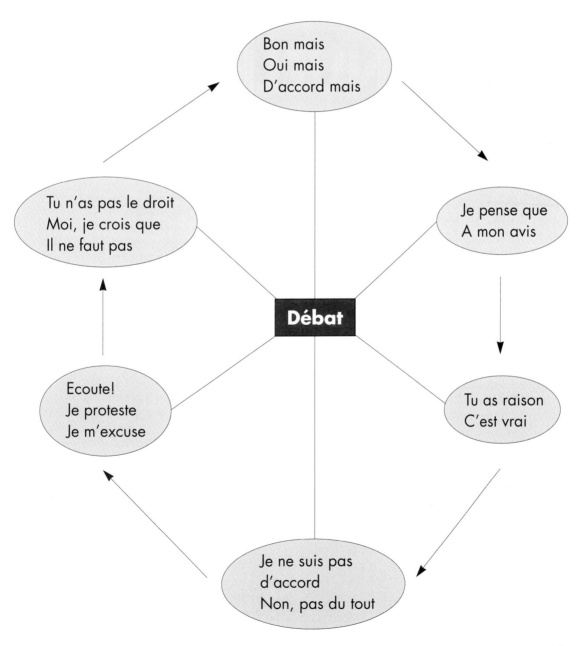

Emmanuelle Béart

Lisez le texte et répondez vrai ou faux à ces phrases:

Guy Béart is her father.
Guy Béart is an actor.
Emmanuelle played in 'Manon des sources'.
She got an Oscar for it in America.
She has fair hair.
She lived in Canada for 2 years.

EMMANUELLE BÉART

Son prénom, Emmanuelle, lui va très bien, avec son air d'ange.

Son nom est déjà célèbre: c'est celui de son père, le chanteur Guy Béart. Mais à 22 ans, elle a déjà un nom bien à elle dans le monde du spectacle et elle est célèbre elle aussi.

Guy Béart et sa fille Emmanuelle ont des métiers très similaires l'un de l'autre, des métiers de création. Mais, comme Emmanuelle l'explique: *'Je crois que, malheureusement le talent n'est pas héréditaire. Et il faut de la passion, de la volonté, de la patience, de la persévérance et du travail.'*

Un César pour Manon

Emmanuelle construit sa carrière de comédienne lentement. Elle joue dans des films pour le cinéma. Mais elle a aussi joué dans des téléfilms. D'ailleurs elle n'exclut pas de jouer à nouveau pour la télévision si elle préfère les scénarios.

Il y a quelques années Emmanuelle Béart a reçu la suprême récompense du cinéma français: le César. Celui du meilleur rôle féminin pour le film de Claude Berri: *Manon des sources* d'après l'oeuvre de Marcel Pagnol. Si vous n'avez pas vu ce film regardez-le sur cassette vidéo, il est magnifique.

Pour devenir Manon, aux côtés d'Yves Montand et de Daniel Auteuil, Emmanuelle, qui est brune, a blondi ses cheveux. Elle a appris à monter aux arbres et à s'occuper des chèvres. Mais cela n'a pas fait peur à Emmanuelle qui aime beaucoup les animaux.

Le film de Claude Berri, *Manon des sources,* a été un très grand succès et a révélé Emmanuelle au grand public. Mais à propos de son rôle, Emmanuelle précise: *Je l'ai adoré, mais je ne veux pas être Manon pour la vie. Je veux faire autre chose, des rôles et des personnages différents.'*

Une fille décidée

Discrète, timide, Emmanuelle est capable de beaucoup de détermination. Elle dit elle-même qu'elle est 'devenue adulte très jeune'. Toute seule, à 15 ans, elle a quitté sa famille et le Midi pour le Canada. Aller au Canada c'était un rêve, c'était pour devenir indépendante et responsable. Elle est restée deux ans à Montréal. En rentrant en France, en 1982, elle a voulu tenter sa chance comme comédienne, ce dont elle rêvait depuis l'adolescence. Elle a toujours voulu jouer la comédie.

Jean-Laurent Cochet, chez qui elle a suivi des cours de comédie pendant six mois, raconte: *'J'ai vu arriver une petite fille très déterminée. Elle se soumettait avec conscience et intelligence à ce qu'on lui indiquait. C'est une très bonne actrice.'*

La petite élève appliquée a grandi et bien tracé son chemin.

Les Misérables

- Dans le texte 'Monsieur Madeleine', la vie de Fantine semble tourner autour des mots suivants:

    argent   maladie   travail

    Trouvez les mots et les expressions liés à ces 3 thèmes.

- Fantine est arrêtée par Javert.

    - Pourquoi Fantine a-t-elle été arrêtée?
    - Qu'est-ce qui préoccupe Fantine quand on lui annonce qu'elle doit aller en prison pour 6 mois?
    - Pensez-vous que cela est juste?
    - Quelle expression qualifie l'attitude de Javert?

Monsieur Madeleine

Tous les gens de Montreuil-sur-Mer sont heureux et riches. Il y a du travail pour tous. Quand elle revient, Fantine ne connaît plus personne. Mais elle se présente à l'usine de M. Madeleine et on l'emploie dans *l'atelier* des femmes.

Elle ne connaît pas son nouveau métier; elle ne peut pas y être bien adroite; elle reçoit donc peu d'argent; mais enfin, elle gagne sa vie.

Un an plus tard, Fantine *perd sa place.* Elle croit que c'est la faute de M. Madeleine et elle le hait. Des mois passent. Elle n'arrive plus à payer les Thénardier.

Avoir sa petite fille avec elle serait un grand bonheur. Elle pense à la faire venir. Mais pour quoi! Pour lui faire *partager* sa misère? Et puis, elle doit de l'argent aux Thénardier! Comment payer? Et le voyage! Comment payer encore?

Trop de travail fatigue. Fantine tousse de plus en plus. Elle dit quelquefois à sa voisine: 'Regardez comme mes mains sont chaudes.'

Fantine passe des nuits à *pleurer* et à *tousser.* Elle ne *se plaint* pas. Elle *coud* dix-sept heures par jour.

Vers le même temps, le Thénardier lui écrit qu'il a attendu avec trop de *bonté*, et qu'il lui faut cent francs tout de suite, sinon il va *mettre à la porte* la petite Cosette, sortant de *maladie*, par le froid; elle deviendra ce qu'elle pourra; elle mourra si elle veut.

Fantine est arrêtée par Javert

Le bureau de police est une salle basse chauffée par *un poêle.* Javert ouvre la porte, entre avec Fantine, et referme la porte derrière lui. Fantine va tomber dans un coin comme une chienne qui a peur. Javert s'assied, tire de sa poche une feuille de papier et se met à écrire. Quand il a fini, il signe, plie le papier et dit au policier de service; 'Prenez trois hommes, et conduisez cette fille en prison.' Puis, se tournant vers Fantine: 'Tu en as pour six mois.' 'Six mois! Six mois de prison!' crie la malheureuse. 'Six mois à gagner sept sous par jour! Mais que deviendra Cosette? Ma fille! Ma fille! Mais je dois encore plus de cent francs aux Thénardier, monsieur, savez-vous cela?'

Elle vient à genoux sur le sol au-devant de tous ces hommes, sans se lever, les mains tendues. 'Monsieur Javert,' dit-elle, '*je n'ai pas eu tort*, comprenez. C'est ce monsieur que je ne connais pas qui m'a mis de la neige dans le dos. J'ai eu froid. Je suis un peu malade, voyez-vous!'

Elle continue, cassée en deux, aveuglée par les larmes, toussant d'une toux sèche et courte ... Par moments elle s'arrête et embrasse les pieds du policier; mais que peut-on contre un coeur de bois?

'Allons!' dit Javert, 'je t'ai écoutée. As-tu bien tout dit? Marche maintenant! Tu en as pour six mois!'

l'atelier – *workshop*; perdre sa place – *lose her job*; partager – *to share*; trop – *too much*; pleurer – *to cry*; tousser – *to cough*; se plaindre – *to complain*; coudre – *to sew*; la bonté – *kindness*; mettre à la porte – *to expel*; la maladie – *illness*; un poêle – *stove*; avoir tort – *to be wrong*

LES MISERABLES TOME 1 – FANTINE: Adaptation en français facile par P de BEAUMONT
© Hachette.

Unité 6

La famille et les jeunes

OBJECTIFS
- Parler de vous, de votre famille
- Offrir d'aider quelqu'un (travaux ménagers)
- Donner votre opinion sur l'égalité à la maison
- Répondre à un sondage
- Lire des textes sur la famille en France

Ah la jeunesse!

Lisez ces citations:

- Etes-vous d'accord avec elles? Pourquoi?
- Est-ce que vos parents seraient d'accord avec elles?
- A votre avis quand ont-elles été écrites? (Regardez la réponse à la fin de l'unité.)
- Etes-vous surpris?

Notre jeunesse aime le luxe, elle est mal élevée et se moque de l'autorité et n'a aucune espèce de respect pour les anciens. Nos enfants d'aujourd'hui sont des tyrans. Ils ne se lèvent pas quand un vieillard entre dans la pièce. Ils répondent à leurs parents et ils sont tout simplement mauvais.

Cette jeunesse est pourrie depuis le fond du coeur, les jeunes gens sont malfaisants et paresseux. Ils ne seront jamais comme la jeunesse d'autrefois. Ceux d'aujourd'hui ne seront pas capables de maintenir notre culture.

Notre monde atteint un stade critique, les enfants n'écoutent plus leurs parents, la fin du monde ne peut pas être loin.

Je n'ai plus aucun espoir pour l'avenir de notre pays si la jeunesse d'aujourd'hui prend le commandement demain, parce que cette jeunesse est insupportable, sans retenue, simplement terrible.

Que pensez-vous de la jeunesse d'aujourd'hui?

On a posé cette question à des adultes. Ont-ils une opinion positive ou négative?

| 3 | **De mon temps!** |

Ecrivez un paragraphe en commençant par 'De mon temps les jeunes ...'
Pour vous aider regardez ce réseau de mots.

Boîte à outils
Imparfait (description)
ils étaient/ils avaient
moins/plus

n'ont pas de manières/de respect

ont beaucoup de loisirs

sont paresseux

aujourd'hui les jeunes

sont très matérialistes

ont l'esprit de compétition

ont une grande liberté

sont insouciants

sont bien éduqués

ont beaucoup d'argent

consomment trop d'alcool et de drogue

| 4 | **Votre famille et vous** |

- Ecrivez votre autobiographie et illustrez-la.
- Parmi les suggestions dans le cahier d'exercices, choisissez quatre grandes idées et écrivez votre autobiographie.
- Illustrez avec l'arbre généalogique, des photos si possible et un plan de votre maison.
- Complétez avec les noms.
- Ajoutez votre autobiographie à votre porte-folio.

| 6.2 | **Des disputes encore des disputes** |

Ecoutez ces conversations.

- Qu'est-ce que les parents demandent aux jeunes?
- Quelle est leur réaction?

FERIEZ-VOUS UN PARENT IDÉAL?

Les enfants critiquent parfois les parents. Ils disent qu'ils sont trop sévères, ils se plaignent de ne pas être compris. Mais si vous étiez à leur place, que feriez-vous? Vous le saurez en faisant ce test.

Vos enfants ont la permission de sortir jusqu'à dix heures. Ils rentrent à minuit ...
a)   Vous ne dites rien. Ça arrive (1 point)
b)   Vous êtes furieux/furieuse. Ils ne sortiront plus le soir, ce mois-ci. (3 points)
c)   Vous leur demandez de ne plus recommencer. (2 points)

Votre fils/fille a toujours le volume de sa chaîne stéréo au maximum.
a)   Vous vous enfermez dans votre chambre quand il/elle écoute de la musique. (1 point)
b)   La musique est interdite quand vous êtes là. (3 points)
c)   Vous lui demandez de baisser le volume. (2 points)

Votre fils/fille a de mauvaises notes. Vous dites:
a)   'Ce n'est pas grave. J'étais comme toi à ton âge.' (1 point)
b)   'Si le mois prochain tu as encore de mauvaises notes ...' (2 points)
c)   'Pas de sorties ou de télé pendant une semaine!' (3 points)

On a vu votre fils/fille au cinéma pendant les heures scolaires.
a)   Vous le/la punissez. L'école, c'est sacré! (3 points)
b)   C'est la première fois. Vous lui donnez un avertissement. (2 points)
c)   Bof, tout le monde fait ça de temps en temps. (1 point)

Votre fils/fille s'est battu(e) avec un(e) camarade de classe ...
a)   Vous lui interdisez de se battre! (3 points)

b)   Vous l'excusez si il/elle a été provoqué(e). (2 points)
c)   C'est bien. Il/Elle ne se laisse pas marcher sur les pieds! (1 point)

Vos enfants vous demandent toujours plus d'argent de poche.
a)   Vous leur donnez ce qu'ils veulent. La vie est chère! (1 point)
b)   Vous leur donnez le strict minimum. (3 points)
c)   Vous leur en donnez plus parfois en échange de petits travaux pour vous. (2 points)

RESULTATS ET COMMENTAIRES

Entre 6 et 9 points: Vos enfants auraient la belle vie. Ils ne vous écouteraient pas beaucoup. Vous souffririez.

Entre 10 et 14: Vous feriez un bon parent. Ni trop strict, ni trop gentil.

Plus de 14: Vous seriez parfois trop sévère. Il est bon d'être strict dans certains cas, mais il faut aussi comprendre les jeunes.

7 Tâches ménagères

- Faites la liste des tâches ménagères mentionnées par ce texte puis trouvez-en 2 ou 3 autres?
- Y a-t-il égalité entre garçons et filles, mère et père d'après ce texte?
- Pensez-vous que la situation est la même en Irlande?

TÂCHES MÉNAGÈRES

La discrimination sexuelle, dans le domaine des tâches ménagères est la plus forte dans presque tous les cas. Les filles sont davantage sollicitées que les garçons, qu'il s'agisse de faire la vaisselle (58% contre 40%) d'aider à nettoyer la maison (44% contre 28%) ou de s'occuper du petit frère (8% contre 3%). Seules les courses sont plus souvent demandées au garçon (23% contre 15%).

La répartition reste, il est vrai, très séparée chez les parents eux-mêmes puisque c'est la mère qui prépare les repas (82% contre 2% des pères), soigne les enfants malades (81% contre 2%), achète vêtements et fournitures (77% contre 1%), et qui entre en relation avec les enseignants (57% contre 2%). Mais il est vrai que les deux tiers des mères des enfants de 7 à 11 ans sont des mères au foyer.

8 6.3 Je peux t'aider?

Ils offrent leur aide pour faire quoi? Cochez la bonne case, en écrivant le numéro de la conversation.

Chez moi!

Donnez votre opinion en remplissant le sondage dans le cahier d'exercices puis comparez vos réponses avec votre voisin/voisine.

- La réalité.
  En groupe et à l'aide du schéma suivant discutez et remplissez la grille dans le cahier d'exercices.

- Ecrivez un paragraphe sur les travaux ménagers chez vous.

- Ecrivez un petit rapport de groupe.

**Qui fait les travaux ménagers
chez toi le plus souvent?**

tout le monde | mon père | ma mère | moi | mon frère/ mes frères | ma soeur/ mes soeurs

**Qui fait quoi?
Quand?**

ranger les chambres
faire la vaisselle
faire les courses
faire les vitres
passer l'aspirateur
préparer les repas
laver le linge
nettoyer la salle de bains
tondre la pelouse
sortir les poubelles
bricoler

toujours
jamais
parfois
souvent

Qu'en pensez vous?

A mon avis

c'est juste   c'est injuste

Pourquoi?

parce que c'est le travail des femmes | parce qu'il faut partager | parce qu'aujourd'hui beaucoup de femmes travaillent

La place de l'adverbe:

verbe + adverbe

Il range **toujours** sa chambre.
Il ne passe **jamais** l'aspirateur.
Il tond **parfois** la pelouse.

mais   **auxiliaire + adv + verbe**

Il a **toujours** rangé sa chambre.
Il n'a **jamais** passé l'aspirateur.
Il a **parfois** tondu la pelouse.

| 11 | **Les adultes ne nous écoutent pas** |

Complétez avec les adverbes.

| 12 | 6.4 | **Demander la permission** |

Cochez la bonne case en écrivant le numéro de la conversation.

Comment vivez-vous votre adolescence?

- Ecoutez et suivez la lecture de ces lettres par une sociologue à un programme radio.

- Remplissez le réseau d'idées dans le cahier d'exercices. Pour chaque lettre notez les mots clés.

- Ecoutez la deuxième partie de l'émission radio. Pour cette sociologue, quelles sont les phrases clés pour chaque personne?

- A votre tour donnez vos idées sur votre adolescence, en écrivant une petite lettre pour répondre à Dorothée.

'Je voudrais savoir comment vous vivez votre adolescence, et qu'en pensez-vous? Moi, je trouve que c'est le meilleur moment de ma vie, même si j'ai des hauts et des bas.'

Dorothée

Comment vivez-vous votre adolescence?

C'EST DUR, L'ADOLESCENCE, MAIS C'EST BEAU!

Dorothée, pendant l'adolescence, on ne vit que dans l'exès: on est très heureux, ou très malheureux, pas entre les deux. On est gai, on rit, la vie est belle... et puis, on tombe dans le désespoir, on est triste, on veut partir, s'enfuir... Il y a aussi la honte de soi-même, la peur du 'regard des autres'...

On se cache derrière des personnalités différentes, des 'masques'.

Mais la vie, moi, je l'aime... On se révolte contre ses parents, contre la société... C'est dur, l'adolescence, mais c'est beau.'

Anaïs

L'ADOLESCENCE EST LE MEILLEUR MOMENT DE LA VIE

Chère Dorothée, comme toi, je pense que l'adolescence est le meilleur moment de la vie, car c'est une période avec de nombreux changements. Nous découvrons beaucoup de nouvelles choses comme, par exemple, aimer une personne.

Malheureusement, je trouve que mes parents ont du mal à admettre que je grandis. On se dispute souvent mais je les adore.

Céline

JE NE CROIS PAS QUE L'ADOLESCENCE SOIT LE MEILLEUR MOMENT DE LA VIE

Salut Dorothée! Je vais surprendre beaucoup d'ados, mais je ne crois pas que l'adolescence soit le meilleur moment de la vie. C'est une étape souvent difficile avec beaucoup de choses à apprendre... (l'expérience de la vie comme disent les adultes!) (tabac, drogue...)

Heureusement, il y a la bande de copains-copines avec qui on passe de super moments!

Sandra

ON SE DÉCOUVRE, ON DÉCOUVRE LA VIE EN SOCIÉTÉ

Salut Dorothée, pour moi, l'adolescence est une drôle de période: on n'est pas encore adulte, mais on n'est plus des enfants.

On ne se connaît pas encore, on se découvre et on découvre la vie en société.

On se pose des questions. On ne sait ni qui on est ni qui on aime.

Malgré tout ce qu'on dit sur l'adolescence (c'est une période difficile...), je trouve que c'est la plus belle partie de la vie.

Isabelle

Disputes

Voici les extraits du journal de ces jeunes. Ils se sont
disputés avec leurs parents.

- Lisez chaque extrait et remplissez la grille.

A

Jeudi 10 novembre. Je me suis
encore disputée avec maman.
Elle m'a interdit d'aller à la
boum de Jean-Paul samedi
soir. C'est toujours pareil! J'en
ai marre, marre! Si je sors, je
n'aurai pas mon BAC et là là là
là ...

C

Lundi soir. Les notes, les
notes! 'Tu as eu des notes
aujourd'hui?' T'as eu
combien en maths? C'est
vraiment une obsession avec
maman. Alors quand je lui ai
dit que j'avais O à l'interro de
maths, elle était comme folle!
C'est pas juste, je veux vivre
moi! Je veux sortir, aller au
cinéma ...

B

Samedi soir. Encore une dispute
avec papa. Je lui ai bien dit que
50F d'argent de poche ça ne suffit
pas, tous mes copains ont au moins
100F par semaine, mais non! Il dit
que je vais le gaspiller et que si je
veux plus d'argent je dois trouver
un petit boulot. Comme si je
n'avais pas assez de travail avec
l'école, j'en ai vraiment assez!

- Ecrivez un dialogue de dispute, vous pouvez faire appel à votre expérience! Jouez-le!
- Ecoutez les dialogues sur cassette et faites-les correspondre avec des extraits du
  journal de ces jeunes.
- Comparez les dialogues au vôtre.

L'adolescence

Ecoutez Jean-Pierre Deschamps, un docteur, donner une définition de l'adolescence dans
cette interview. Notez les mots clés et comparez-les avec votre voisin/voisine.

16 **Les jeunes et leurs parents**

- Regardez le sondage fait en France.

- Remplissez le tableau dans le cahier d'exercices pour vous, puis posez-vous des questions et notez l'avis de votre voisin/voisine.

- Choisissez 2 réponses à la question 3 et 4 et donnez des exemples.
  EXEMPLE
  Ils s'intéressent à moi, par exemple ils me demandent mon avis.

SONDAGE

Bonnes relations avec les parents

Vous entendez-vous bien avec votre mère?
oui, très bien	55%
oui, plutôt bien	41%
non, plutôt mal	2%
non, très mal	1%
ne se prononcent pas	1%

Vous entendez-vous bien avec votre père?
oui, très bien	47%
oui, plutôt bien	36%
non, plutôt mal	6%
non, très mal	1%
ne se prononcent pas	10%

QU'EST-CE QUI TE PLAÎT LE PLUS CHEZ TES PARENTS?
1 Tu sens qu'ils t'aiment	60%
2 Ils te font confiance	56%
3 Ils s'intéressent à toi	51%
4 Ils ne sont pas sévères	42%
5 Ils tiennent leurs promesses	41%
6 Tu peux leur parler de tes problèmes	39%
7 Ils te donnent assez d'argent	36%
8 Ils ont l'esprit jeune	26%

QU'EST-CE QUI TE DÉPLAÎT LE PLUS CHEZ TES PARENTS?
1 Tu ne peux pas leur parler de tes problèmes	21%
2 Ils ne te donnent pas assez d'argent	17%
3 Ils sont trop sévères	17%
4 Ils sont vieux-jeu	16%
5 Ils ne te font pas confiance	5%
6 Ils sont indifférents envers toi	2%
7 Ils manquent de sincérité avec toi	4%
8 Ils manquent de tendresse	10%
9 Aucun défaut à signaler	40%

- Ecrivez un petit paragraphe de 6 ou 7 phrases sur le thème 'moi et mes parents'.

Les chiffres du divorce

- Ce journaliste radio donne les derniers chiffres du divorce en France et dans le monde. Notez-les.

- Qu'en pensez-vous?

Portraits de famille

- Lisez ce texte et notez les quatre types de famille qui existent en France et leur définition.

- Que pensez-vous de ces changements et leurs conséquences?

Que diriez-vous si l'on vous demandait de définir le mot famille. L'image de la famille a bien changé aujourd'hui en France. Il n'y a plus une définition mais plusieurs. Tout d'abord les Français forment une famille de plus en plus tard, peut-être à cause de longues études, du chômage ou bien peut-être parce qu'ils ont peur de vivre 50 ans ensemble! Le cas de figure le plus fréquent est encore la famille traditionnelle. Elle se compose d'un père et d'une mère mariés et qui ont des enfants. Cependant, même ce type de famille a un peu changé. Les Français ont moins d'enfants un ou deux, le troisième enfant est de plus en plus rare. Quant au nombre des familles nombreuses (quatre ou plus) il diminue de plus en plus. Il existe aujourd'hui en France beaucoup de familles mono-parentales, c'est-à-dire des familles composées d'un père ou d'une mère avec un ou plusieurs enfants. C'est le cas des veufs ou veuves mais aussi de plus en plus le cas des divorcés ou des mères célibataires.

Le troisième type de famille est celui des couples non mariés (l'union libre) qui ont des enfants. De plus en plus de jeunes décident de ne pas aller voir monsieur le maire tout de suite ... Enfin le dernier type de famille est souvent appelé 'la tribu'. C'est une famille où l'un ou les deux parents sont divorcés et remariés. Ce type de famille se compose alors du nouveau couple avec leur(s) enfant(s) mais aussi les enfants de mariages précedents. Ce qui peut faire une famille nombreuse d'où le nom de 'tribu'.

Familiale (Jacques Prévert-Paroles)

- Que pensez-vous de cette famille?

- Quelle est la division du travail dans cette famille?

- Comment est-ce que Jacques Prévert le montre?

- Est-ce que le poème donne une image positive et dynamique de la famille?

FAMILIALE

La mère fait du tricot
Le fils fait la guerre
Elle trouve ça tout naturel la mère
Et le père qu'est-ce qu'il fait le père?
Il fait des affaires
Sa femme fait du tricot
Son fils la guerre
Lui des affaires
Il trouve ça tout naturel le père
Et le fils et le fils
Qu'est-ce qu'il trouve le fils?
Il ne trouve rien absolument rien le fils
Le fils sa mère fait du tricot son père des affaires lui la guerre
Quand il aura fini la guerre
Il fera des affaires avec son père
La guerre continue la mère continue elle tricote
Le père continue il fait des affaires
Le fils est tué il ne continue plus
Le père et la mère vont au cimetière
Ils trouvent ça naturel le père et la mère
La vie continue la vie avec le tricot la guerre les affaires
Les affaires les affaires et les affaires
La vie avec le cimetière

Les parents!

- Ces jeunes ont des problèmes avec leurs parents. Ils ont écrit à un journal.
  - Que pensez-vous des gens qui écrivent à des journaux en parlant de leurs problèmes?
  - Que pensez-vous des réponses?
  - Discutez-en en classe.

- Faites correspondre les lettres et les réponses?

A
Valérie, 16 ans.

J'aimerais que mes parents soient plus souvent là, pour discuter et s'intéresser plus à moi. Au lieu de cela, ça fait des années que mon père rentre le soir, lit 'le Monde', mange avec ma mère et moi et discute avec elle (quand il discute avec elle...) sans s'occuper de moi! Et vous appelez ça des parents? Pas moi. Si au moins on se disputait.

B
Matthieu, 16 ans

Non, vraiment, je ne vois pas pourquoi les parents commandent comme ça sans essayer de comprendre: j'aimerais entendre autre chose que des ordres. C'est dur d'être toujours commandés comme si on était des robots, c'est dur de vivre avec des gens qui, de toute façon, quoi qu'on dise, quoi qu'on fasse, ont toujours raison.

C
Cécile, 16 ans et demie.

Je pense que l'adolescence, ça pose un problème aux parents car en nous voyant grandir, ils se sentent vieillir et ils ont du mal à accepter cette réalité. Le problème qui se pose, c'est qu'ils nous prennent pour des enfants, alors qu'on l'est de moins en moins, ce qui entraîne des conflits.

1

Tu as raison, l'adolescence pose un problème aux parents et c'est ensemble que l'on doit trouver la solution. Les disputes (les conflits) font parfois partie de ce processus. Si tu penses que tu n'es plus un enfant montre le par des actions et en discutant avec eux.

2

Je comprends que tu te sentes seule, isolée mais n'oublie pas que tes parents ont eux aussi des problèmes. Intéresse-toi à eux. Pourquoi ne pas leur demander ce qu'ils ont fait aujourd'hui? Je suis sûre qu'ils te demanderont ce que tu as fait. Courage.

3

Peut-être que tu es un peu paresseux et que tu n'aides pas tes parents dans les travaux ménagers par exemple. Fais un effort et prouve-leur que toi aussi tu peux avoir raison.

- En groupe de 4 ou 5 écrivez une lettre à un de ces journaux avec un problème spécifique.

- Echangez vos lettres et répondez à la lettre qui vous a été donnée puis lisez la lettre et votre solution à toute la classe.

Lisez ce poème.

- – Quelles sont les solutions à la déprime d'après Caroline?
- – Etes-vous d'accord avec elle? Pourquoi?
- – Pourquoi ne pas essayer d'écrire un petit poème à votre tour.

MESSAGE ANTI-DÉPRIME

Parfois, nous nous trouvons malheureux, délaissés, abandonnés, souffrants. Réagissons! Arrêtons de nous 'regarder le nombril'! Observons autour de nous nos parents fatigués par leur travail, notre frère qui a des difficultés en classe, notre vieille voisine qui ne peut plus monter ses provisions. Investissons-nous pendant nos moments de loisir pour les aider et, lorsque nous trouverons un peu de temps pour nous plaindre, par rapport aux problèmes des autres, nous trouverons nos maux ridicules et nous serons fiers de nous, nous aurons des gens prêts à nous soutenir en cas de problème nous nous sentirons bien.

Caroline

- Lisez ces faits divers. Pour chaque fait divers répondez à ces questions:

  - où cela se passe-t-il?
  - qui a fait cette action?
  - qu'est-ce qui a été fait?
  - pourquoi? (quand c'est expliqué)

- Qu'ont ces faits divers en commun?

- Quel est le fait diver le plus horrible d'après vous? Les parents sont-ils responsables? Ecrivez un petit paragraphe en donnant votre avis.

Faits divers

A Niort, un enfant de 14 ans placé douze fois en garde à vue en 1992 pour vol, racket et agressions diverses est interpellé de nouveau pour quatre cambriolages.

Mars 93
Aux Déserts, une commune de Savoie, deux enfants âgés de 10 et 12 ans sont les auteurs présumés de huit cambriolages de maisons et d'un incendie. Inspirés par une série télévisée, ils prenaient pour 'bases ennemies' les résidences secondaires.
Deux élèves du lycée Louise-Michel de Bobigny sont incarcérés à Fleury-Mérogis. Agés de 17 ans, ils sont suspectés d'avoir tenté de mettre le feu à leur établissement avec de l'essence.
Sylvain, 13 ans, emballait en doses d'une gramme l'héroïne vendue dans la banlieue nord-est de Marseille par un réseau de trois dealers. Il recevait 200 francs pour 50 sachets emballés.
Toute une journée, Sylvie, 17 ans, et ses 'lieutenants' de 13 et 15 ans, ont agressé sauvagement, dans la région de Montpellier, une quinzaine de personnes âgées et femmes seules, pour leur voler sacs à main et bijoux. Ils se sont fait prendre à la sortie d'une boulangerie où ils venaient de voler des bonbons.
Une lycéenne de 18 ans a été mise en examen et incarcérée à Chambéry pour avoir tenté, avec l'aide de deux amis, de tuer ses parents. Ils pensaient récupérer l'héritage, estimé à 900 000 francs.

Avril 93
14 jeunes de Chanteloup-les-Vignes, de 13 à 19 ans, ont été interpellés pour une série de vols avec violence commis dans des trains de banlieue.

• A partir de ces titres de journaux et en suivant les questions où/qui/quoi/pourquoi réécrivez deux faits divers.

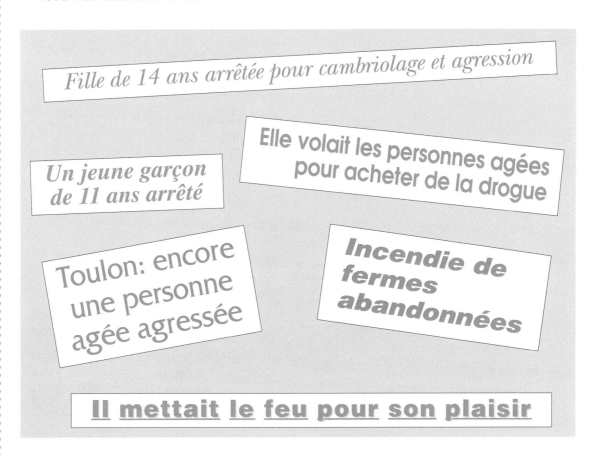

Fille de 14 ans arrêtée pour cambriolage et agression

Un jeune garçon de 11 ans arrêté

Elle volait les personnes agées pour acheter de la drogue

Toulon: encore une personne agée agressée

Incendie de fermes abandonnées

Il mettait le feu pour son plaisir

3   6.10 **Prononciation**

 **Evaluation**

Ah la jeunesse (Réponses)

Socrate 470.399 Av. J.C.

Hésiode 720 Av. J.C.

Un Prêtre Egyptien env. 2000 ans Av. J.C.

Une inscription relevée sur une poterie babylonienne de plus de 3000 ans.

Résumé

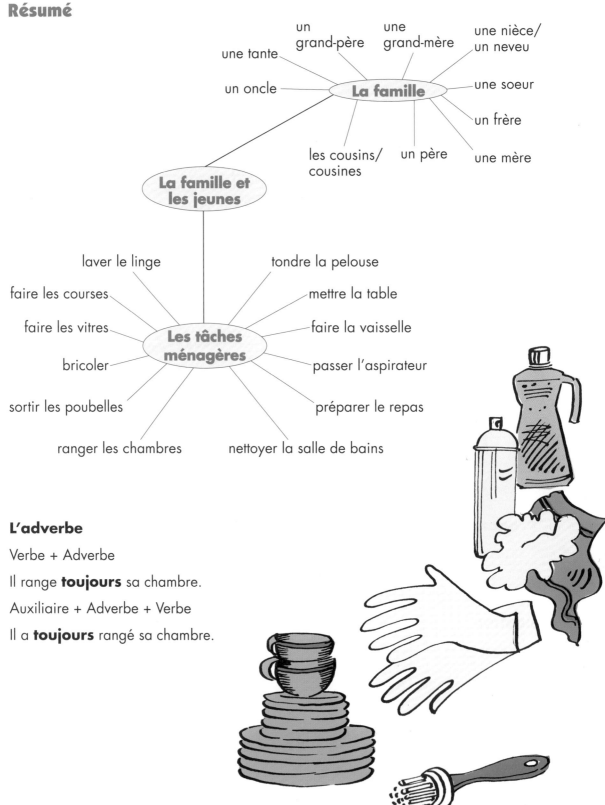

La famille

- un grand-père
- une grand-mère
- une nièce/un neveu
- une tante
- un oncle
- une soeur
- un frère
- les cousins/cousines
- un père
- une mère

La famille et les jeunes

Les tâches ménagères

- laver le linge
- faire les courses
- faire les vitres
- bricoler
- sortir les poubelles
- ranger les chambres
- tondre la pelouse
- mettre la table
- faire la vaisselle
- passer l'aspirateur
- préparer le repas
- nettoyer la salle de bains

L'adverbe

Verbe + Adverbe

Il range **toujours** sa chambre.

Auxiliaire + Adverbe + Verbe

Il a **toujours** rangé sa chambre.

Découvrez la Suisse

- Répondez aux questions suivantes.

    - D'après le texte pourquoi les Suisses aiment-ils l'ordre et la propreté?
    - Pourquoi est-ce que le niveau de vie des Suisses est plus élevé que celui des Américains, par exemple?
    - Quelles sont les langues parlées en Suisse?

- Lisez ce texte dans le cahier d'exercices et avec des crayons de différentes couleurs:

    - marquez tous les mots que vous connaissez
    - marquez les mots que vous ne connaissez pas
    - marquez les mots que vous devinez.

Avez-vous besoin de regarder tous les mots inconnus dans le dictionnaire pour comprendre le texte?

- Pour comprendre des mots inconnus

    - did you look them up in a dictionary?
    - did you look for clues in the text?
    - did you try to guess from the form (e.g. verbs, agreement …)?
    - did you keep reading in case there was an explanation further on?

DECOUVREZ LA SUISSE

Voyagez dans ce pays splendide, en plein coeur de l'Europe ... Cette année, la Suisse fête son 700e anniversaire.

René Deschamps est chef du département 'Magazines et culture' de la télévision suisse romande. C'est là, dans son grand bureau de Genève, à quelques rues du lac Léman, qu'il a reçu longuement Claude Laclos. Il lui a confié sa passion pour son pays, la Suisse.

C.L.: *Je viens de faire le tour de la Suisse. Je trouve que c'est un pays magnifique ...*
R.D.: En Suisse, vous l'avez vu, nous avons des paysages superbes et très variés: les montagnes du Jura et des Alpes, les sources du Rhône et du Rhin, de grands plateaux, 140 glaciers, et plus de 1400 lacs ...

Oui, la Suisse est belle: c'est presque une succession de cartes postales! C'est un pays de rêve!

C.L.: *D'où vient cette impression de propreté que m'a donnée votre pays?*
R.D.: Regardez les maisons de nos villes et de nos villages: elles sont splendides avec leurs fleurs et elles sont parfaitement entretenues.

Quant aux rues, on dirait toujours qu'elles viennent juste d'être balayées. En Suisse, on aime ce qui est 'propre en ordre'.

C'est sans doute parce que nos ancêtres ont longtemps été pauvres, que nous prenons tellement soin de ce que nous avons.

C.L.: *Aujourd'hui, les Suisses sont pratiquement devenus le peuple le plus riche du monde ...*
R.D.: Oui, c'est vrai, en moyenne, nous avons un niveau de vie plus élevé que celui des Américains, des Allemands ou des Français. Mais c'est assez récent.

Jusqu'à la fin du 19e siècle, beaucoup d'entre nous étaient obligés de quitter leurs montagnes pour survivre. Les gens sont descendus à la ville pour trouver du travail.

C.L.: *Alors, quel est le secret de la réussite économique suisse?*
R.D.: Vous connaissez sûrement des produits suisses célèbres. Nous avons le chocolat Lindt, le lait Nestlé, ou les montres Swatch. Nos produits ont une réputation de qualité dans le monde entier. Ils sont 'tip top', comme on dit en Suisse.

Et puis, vous le savez, en Suisse, il y a beaucoup de banques.

C.L.: *Voulez-vous dire que la Suisse est très ouverte sur le monde?*
R.D.: C'est surprenant, nous sommes à la fois enfermés dans nos montagnes, et au centre de l'Europe.

D'ailleurs, dans ce pays, nous parlons au moins quatre langues!

C.L.: *Lesquelles?*
R.D.: Moi, j'habite en Suisse romande, cette partie de la Suisse où l'on parle français. Nous sommes presque quatre fois moins que les Suisses qui s'expriment en langue allemande, ou en dialecte suisse allemand.

Dans le sud et dans l'est du pays, au Tessin et dans les Grisons, il y aussi d'autres minorités qui parlent italien et romanche.

C'est pourquoi nous avons trois chaînes de télévision nationale: une en allemand, une en français, et une en italien.

Vous voyez, la Suisse, c'est une sorte de petite Europe.

Les Misérables

- Pourquoi est-ce que les Thénardier gardent Cosette?

- Quelles sont les raisons qu'ils donnent?

- Trouvez deux expressions ou phrases qui montrent que Fantine va sans doute mourir.

- Quelle est la révélation de Monsieur Madeleine?

- Pourquoi fait-il cette révélation?

- Quelle est la réaction des personnes au tribunal et pourquoi?

- Pourquoi Jean Valjean dit-il:
  "je trouve que vous pouvez m'envier"?

Monsieur Madeleine fait libérer Fantine

M. Madeleine, lui, écrit tout de suite aux Thénardier. Fantine leur doit cent vingt francs. Il leur envoie trois cents francs, en leur disant de se payer sur cette somme, et *d'amener* tout de suite l'enfant à Montreuil-sur-Mer où sa mère malade l'attend.

Cela fait *perdre la tête* à Thénardier. 'Gardons l'enfant!' dit-il à sa femme. 'Elle va nous rapporter beaucoup d'argent.' Cependant Fantine ne va pas *mieux*. Elle est toujours à l'infirmerie. M. Madeleine va la voir deux fois par jour, et chaque fois elle lui demande: 'Verrai-je bientôt ma Cosette?' 'Peut-être demain matin. Je l'attends d'un moment à l'autre.' 'Oh! comme je vais être heureuse!' Mais la fièvre monte. Le médecin est appelé ... M. Madeleine lui dit: 'Eh bien?' 'N'a-t-elle pas un enfant qu'elle aimerait voir?' dit le médecin. 'Oui' 'Dépêchez-vous de le faire venir.'

Le Thénardier cependant garde l'enfant et donne cent mauvaises *raisons*. Cosette est un peu malade. Elle ne peut pas partir l'hiver. Et puis on doit encore un peu d'argent pour elle, etc. 'J'enverrai quelqu'un chercher Cosette,' dit le père Madeleine. 'S'il le faut, j'irai moi-même.' Et il fait signer à Fantine cette lettre: 'Monsieur Thénardier, vous remettrez Cosette à la personne. On vous paiera toutes les petites choses. Je vous salue poliment. Fantine.'

A ce moment il arrive quelque chose de très sérieux.

Monsieur Madeleine ne va pas chercher Cosette. Javert apprend à Monsieur Madeleine, qu'un homme a été arrêté et accusé des vols de Jean Valjean.
La conscience et l'honnêteté de Monsieur Madeleine le poussent à aller au tribunal assiter au procès et là quelque chose de grand d'extraordinaire se passe.

La révélation

M. Madeleine se tourne alors vers le président et dit d'une voix douce: 'Monsieur le président, rendez la liberté à Champmathieu et faites-moi arrêter. L'homme que vous cherchez, ce n'est pas lui, c'est moi. Je suis Jean Valjean...'

Un silence lourd pèse de nouveau. On sent dans la salle cette sorte de peur qui prend les hommes quand quelque chose de grand se fait.

'Vous étiez sur le point de vous tromper. Laissez aller cet homme. Je suis Jean Valjean, ce malheureux condamné. Je dis la vérité. Vous pouvez m'arrêter, me voilà ... Je me suis caché sous un faux nom; je suis devenu riche; je suis devenu maire; j'ai voulu rentrer parmi les bonnes gens. Il paraît que cela ne se peut pas ... J'ai volé M. l'évêque, c'est vrai. J'ai volé un enfant encore, c'est vrai. Je n'ai plus rien à ajouter.'

Il n'y a plus, dans cette salle, ni juges ni gendarmes. Personne ne se rappelle plus ce qu'il devrait faire; le président oublie qu'il doit présider, le défenseur qu'il est là pour défendre. Chose frappante, aucune question n'est faite. Il est sûr que l'on a sous les yeux Jean Valjean. Tous ont compris tout de suite cette simple et belle histoire d'un homme qui prend la place d'un autre pour que celui-ci ne soit pas condamné.

'Je ne vais pas déranger plus longtemps,' reprend Jean Valjean. 'Je m'en vais si on ne m'arrête pas. J'ai plusieurs choses à faire. Monsieur l'avocat général sait qui je suis; il sait où je vais. Il me fera arrêter quand il voudra.'

Il marche vers la porte. Pas une voix ne se fait entendre, pas un bras ne se tend pour l'empêcher de sortir. Il traverse la salle à pas lents. On n'a jamais su qui a ouvert la porte, mais il est certain qu'elle se trouve ouverte quand il y arrive. Là, il se retourne et dit: 'Vous tous, tous ceux qui êtes ici, vous me *plaignez*, n'est-ce pas? Mon Dieu! Quand je pense à ce que j'ai été sur le point de faire, je trouve que vous pouvez m'*envier.*'

Il sort, et la porte se referme comme elle a été ouverte, car ceux qui font certaines choses grandes sont toujours sûr d'être servis par quelqu'un dans le peuple.

amener – *to bring;* perdre la tête – *to lose one's head;* mieux – *better;* une raison – *excuse;* plaindre quelqu' un – *to feel sorry for someone;* envier – *to envy.*

LES MISERABLES TOME 1 – FANTINE: Adaptation en français facile par P de BEAUMONT © Hachette.

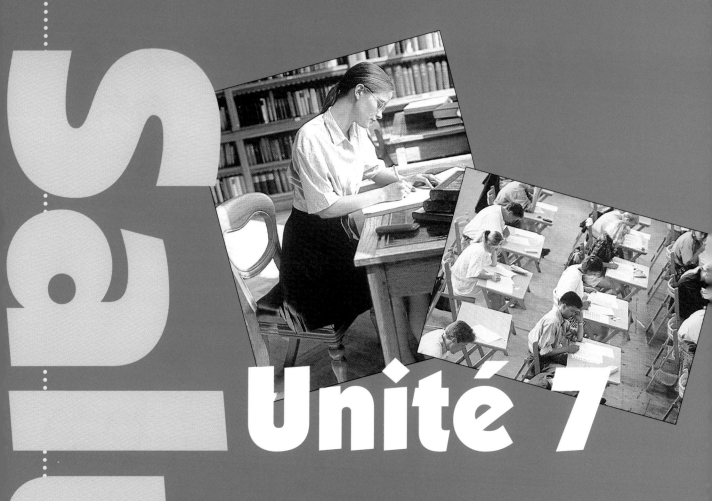

Unité 7

L'école

OBJECTIFS
- Le système scolaire français
- Parler/lire à propos des matières/des horaires/ du travail scolaire
- Décrire le professeur idéal
- Lire à propos des conflits entre parents et adolescents à propos de l'école
- Lire à propos de la fraude et faire un sondage de classe

AIMEZ-VOUS L'ÉCOLE?

C'est le jour de la rentrée. Comment vous sentez-vous?

Vous êtes impatient(e) (3 points)
Vous êtes content(e) de retrouver les copains/copines (2 points)
Vous êtes déprimé(e) (1 point)

Vous allez à l'école ...

Pour préparer votre avenir professionnel (3)
Pour faire des études et voir les copains/copines (2)
Parce que c'est obligatoire (1)

Le meilleur moment de la journée, c'est ...

La récréation/l'heure du déjeuner (2)
Les heures de cours (3)
L'heure de la sortie (1)

Quelles sont vos résolutions pour la nouvelle année scolaire?

Vous n'avez pas pris de résolutions (1)
Etre le/la meilleur(e) en classe (3)
Faire plus d'efforts (2)

Pour vous, les vacances d'été ...

Sont trop longues (3)
Ne sont pas assez longues (1)
Sont juste ce qu'il faut (2)

Un prof oublie de vous donner des devoirs ...

Vous êtes surpris(e) (2)
Ah, quelle chance (1)
Vous lui demandez de vous en donner (3)

Commentaires

Moins de 10 points: Vous n'aimez pas beaucoup l'école. Vous pensez que c'est une perte de temps. Vous faites juste le minimum pour ne pas avoir des ennuis. C'est dommage!

Entre 10 et 15 points: Vous n'essayez pas toujours d'être le/la meilleur(e) mais vous prenez cependant les études au sérieux. C'est bien.

Plus de 15 points: Pour vous, l'école, c'est une obsession. Attention au surmenage! Il faut se reposer, se détendre un peu.

N.B.: Ne prenez pas ce test trop au sérieux.

2 | Le match lycée/télé

Avant de commencer cette unité sur l'école, regardez ce sondage puis faites-le en classe.
Votre professeur va vous poser des questions et vous lèverez la main pour répondre.
Il/elle comptera les réponses et les inscrira au tableau.
Ensemble réalisez un rapport sur vos résultats.

50 HEURES POUR L'ÉCOLE, 10 HEURES DEVANT LA TÉLÉ

Chaque semaine, combien d'heures passez-vous ...

En classe:	%	En travail scolaire:	%
moins de 10h	1	moins de 5h	4
de 10 à 19h	1	de 5 à 9h	15
de 20 à 24h	2	de 10 à 14h	29
de 25 à 29h	21	de 15 à 19h	25
de 30 à 34h	54	de 20 à 24h	15
de 35 à 39h	18	de 25 à 29h	8
plus de 40h	2	plus de 30h	2
sans réponse	1	sans réponse	2

En loisirs:	%	Devant la télé:	%
moins de 5h	22	moins de 5h	20
de 5 à 9h	39	de 5 à 9h	35
de 10 à 14h	21	de 10 à 14h	20
de 15 à 19h	7	de 15 à 19h	7
de 20 à 24h	4	de 20 à 24h	6
de 25 à 29h	2	de 25 à 29h	2
plus de 30h	1	plus de 30h	1
sans réponse	4	sans réponse	2

En semaine, jusqu'à quelle heure en moyenne regardez-vous la télévision le soir?

	%		%
20h30	1	23h00	8
21h00	21	24h00	1
22h00	48	sans réponse	5

Une vraie semaine de forçat: 40 heures en classe, puis le travail à la maison, 10 heures et plus! La télé ensuite ... pas moins de 10 heures là aussi. Que reste-t-il pour vos loisirs? En moyenne, dites-vous, de 5 à 9 heures seulement par semaine.

L'ÉCOLE VOUS INSTRUIT

D'où tirez-vous surtout vos connaissances?

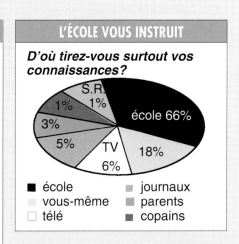

école 66%
S.R. 1%
1%
3%
5%
TV 6%
18%

■ école   journaux
□ vous-même   parents
□ télé   ■ copains

LA TÉLÉ VOUS CULTIVE

Améliorez-vous votre culture en regardant la télévision?

S.R. 1%
non 14%
oui 85%

Si oui, dans quel domaine?

	%
histoire	53
politique	50
économie	47
sciences	40
littérature	35
géographie	31
arts	23

ECOLE/TÉLÉ, QUALITÉS-DÉFAUTS: VOTRE VERDICT

Pour vous, l'école est ...

52%	44%
MODERNE	EN RETARD

79%	19%
INTÉRESSANTE	ENNUYEUSE

81%	19%
SÉRIEUSE	SUPERFICIELLE

30%	66%
FACILE	DIFFICILE

Pour vous, la télé est ...

91%	7%
MODERNE	EN RETARD

86%	11%
INTÉRESSANTE	ENNUYEUSE

32%	64%
SÉRIEUSE	SUPERFICIELLE

90%	7%
FACILE	DIFFICILE

Testez-vous!

Que savez-vous de l'école en France?
Ecoutez les résultats sur cassette après les questions.

1 Combien y a-t-il d'années à l'école secondaire?
2 Comment appelle-t-on les classes?
3 Combien de temps durent les cours?
4 A quelle heure commencent/finissent les cours?
5 Quel jour de la semaine va-t-on à l'école?
6 Combien ont-ils de temps pour déjeuner?
7 Où mangent-ils très souvent?
8 Quelles sont les matières en France?
9 Combien y a-t-il de langues dans le programme?
10 Quels sont les examens?
11 Y a-t-il plusieurs types d'examens finaux suivant les sections?
12 Y a-t-il des mentions?

Les matières

- Dans quelle classe sont ces élèves?
- Quelles sont leurs matières?
- En quoi sont-ils forts/faibles?

Vos matières

Ecrivez un paragraphe en répondant à ces questions.

- Comment vous appelez-vous?
- Quel âge avez-vous?
- Dans quelle classe êtes-vous?
- Quelles sont vos matières?
- Quelle est votre matière préférée?
- A quelle heure commencez-vous les cours?
- A quelle heure finissez-vous les cours?

Publicité 'Le Master Junior'

- Cette encyclopédie peut vous aider pour quelles matières?
- Quel est le prix approximatif en livres (£)?
- Choisissez 3 raisons pour lesquelles vous achèteriez ce livre et expliquez pourquoi.

Ces jeunes Français jugent leur travail.

- Regardez les chiffres de ce sondage. Où vous placeriez-vous?

- Ecoutez ces Français et cochez.

Trouvez-vous que dans l'ensemble, vous travaillez ...

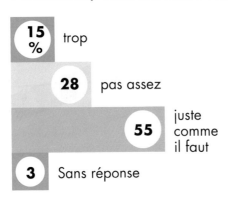

15 % trop

28 pas assez

55 juste comme il faut

3 Sans réponse

| 8 | 7.4 | **Carnet de notes** |

Regardez rapidement les extraits de carnets de notes puis écoutez le professeur de français qui parle à des parents à la réunion des parents de fin de trimestre.
Faites correspondre les conversations et les carnets de notes.

A

ÉTABLISSEMENT	ANNÉE 19 *92* 19 *93*	NOM ET PRÉNOM *Eric Miffure*
	1ᵉʳ TRIMESTRE	DATE DE NAISSANCE: *10 / 2 / 78*
	CLASSE: *3R*	REDOUBLANT OUI ☐ NON ☒
	Nombre d'élèves: *26*	EXTERNE ☐ 1/2 PENSIONNAIRE ☒

DISCIPLINES		NOTE	Note la plus haute de la classe	Note la plus basse de la classe	Moyenne de la Classe	OBSERVATIONS
FRANÇAIS	Rédaction	8	15	7,5	11	
	Lecture expliquée	7,5	13	3,5	8,5	*Des difficultés, maintenir*
	Récitation	14	19	11	15	*effort.*
	Orthographe	3	17,5	2,5	10	
	Grammaire M.	9	18	8	12,5	

B

ÉTABLISSEMENT		ANNÉE19 *92* 19 *93*				NOM ET PRÉNOM *Caroline Deschamps*

1ᵉʳ TRIMESTRE

CLASSE: *3°R*

Nombre d'élèves: 26

DATE DE NAISSANCE: *23 / 05 / 78*

REDOUBLANT OUI ☐ NON ☒

EXTERNE ☐ 1/2 PENSIONNAIRE ☒

DISCIPLINES		NOTE	Note la plus haute de la classe	Note la plus basse de la classe	Moyenne de la Classe	OBSERVATIONS
FRANÇAIS	Rédaction	14	15	7,5	11	*Travail et résultats très satisfaisants.*
	Lecture expliquée	13	13	3,5	8,5	
	Récitation	13	19	11	15	
	Orthographe	17,5	17,5	2,5	10	
	Grammaire	18	18	8	12,5	
	M.					

(EXPRESSION ORALE)

C

ÉTABLISSEMENT		ANNÉE19 *92* 19 *93*				NOM ET PRÉNOM *Marc Delanet*

1ᵉʳ TRIMESTRE

CLASSE: *3°R*

Nombre d'élèves: 26

DATE DE NAISSANCE: *7 / 06 / 79*

REDOUBLANT OUI ☐ NON ☒

EXTERNE ☐ 1/2 PENSIONNAIRE ☒

DISCIPLINES		NOTE	Note la plus haute de la classe	Note la plus basse de la classe	Moyenne de la Classe	OBSERVATIONS
FRANÇAIS	Rédaction	8,5	15	7,5	11	
	Lecture expliquée	6	13	3,5	8,5	
	Récitation	14	19	11	15	*L'ensemble manque de racines, de solidité. Doit s'affirmer.*
	Orthographe	7	17,5	2,5	10	
	Grammaire					
	M.	11,5	18	8	12,5	

(EXPRESSION ORALE)

Lisez la lettre de cet élève.

– Pensez-vous qu'il aime l'école?
– Etes-vous d'accord avec lui?
– Pour vous, quelle est la phrase la plus importante du texte?
  Pourquoi?

C O U R R I E R

ON VEUT FAIRE DE NOUS DES ROBOTS

Assez, j'en ai assez des mauvaises notes, des remarques méchantes des profs, des désillusions, marre du système. On nous détruit notre jeunesse. Des jeunes qui sont vieux avant l'âge, qui sont déjà habitués au 'métro (bus), boulot (école), dodo (à 23h)'. On veut faire de nous des robots. Mais laissez-nous vivre! Vous rendez-vous compte que l'adolescence doit être la période la plus douce, la plus heureuse de notre vie? Il n'en est rien, on nous dit, qu'il faut être fort, qu'il faut être compétitif.

Je voudrais vivre. Ce que je veux c'est le bonheur. Alors quand un prof nous jure que les études, c'est la meilleure période de notre vie, je ne veux pas imaginer le reste!

Les élèves et l'école

Ecoutez ces jeunes Français vous parler de leur école.
Reliez leurs prénoms et leurs opinions.

Assez! Assez!

Ces 2 élèves ont écrit pour parler des problèmes du système scolaire français.
Remplissez la grille.

- Avez-vous les mêmes problèmes?
- Pensez-vous que les professeurs et les parents sont d'accord avec vous? Pourquoi?

Les horaires sont trop lourds, les programmes trop ambitieux. C'est tout le système éducatif qu'il faut changer.

RACCOURCIR LES COURS D'UNE HEURE À QUARANTE MINUTES

De l'argent, ça ne suffit pas!
La classe de 25 élèves: utopique, on ne l'aura jamais sans un changement complet du système éducatif. Oui, c'est cela: une reforme complète. On est trop nombreux par classe? Pas assez de profs? Nous proposons des cours de quarante minutes. Un cours intensif de quarante minutes est plus efficace qu'un cours d'une heure. Ce que nous voudrions, nous les lycéens, c'est plus d'après-midis libres à consacrer au sport, aux clubs de théâtre, de journal, ou autres ...
Il faut travailler, toujours travailler, jusqu'à en perdre la santé! Tous les lycéens sont d'accord: c'est tout le système qu'il faut changer.

**Anne, T^{le},
Saint-Germain-
en-Laye**

ON N'EST PAS DES MACHINES

Il faut améliorer les conditions matérielles des lycéens, mais il faut aussi améliorer les conditions de travail! Nous avons des emplois du temps lourds à supporter, des programmes trop ambitieux! Dans ma classe, on en a marre de travailler tous les jours de 8 heures à midi, de 14 à 18 heures. On n'est pas des machines.
En seconde, on a entre trente-cinq et quarante heures de cours par semaine et les devoirs à la maison. De la folie! On s'étonne que plus personne ne s'intéresse aux études et qu'il y ait tant d'échecs scolaires. Moi, ça ne m'étonne vraiment pas du tout.

Aude, 2re, A3

Les lycéens font leur réforme

- Avant d'écouter la cassette, notez trois choses que vous aimeriez réformer dans votre école et comparez avec votre voisin/voisine.

- Ecoutez la cassette et pour chacun de ces deux élèves, notez deux de ses réformes.

- Comparez vos idées à celles des Français sur cassette et à celle du sondage.

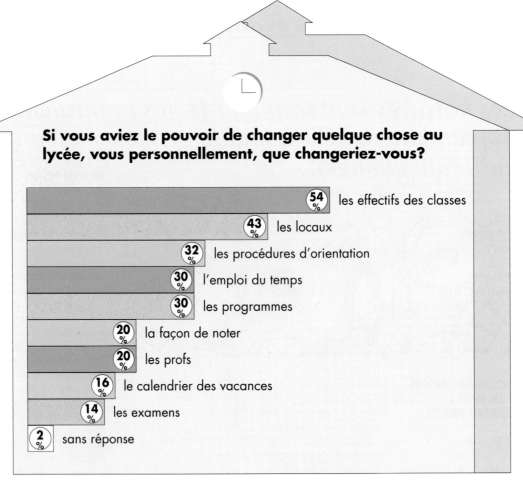

Si vous aviez le pouvoir de changer quelque chose au lycée, vous personnellement, que changeriez-vous?

- **54%** les effectifs des classes
- **43%** les locaux
- **32%** les procédures d'orientation
- **30%** l'emploi du temps
- **30%** les programmes
- **20%** la façon de noter
- **20%** les profs
- **16%** le calendrier des vacances
- **14%** les examens
- **2%** sans réponse

* Total supérieur à 100 car possibilité de réponses multiples.

Regardez les chiffres de ce sondage.

- En groupe de 4 ou 5 réalisez un sondage similaire et expliquez pourquoi.

- Comparez vos opinions à celles des Français. Ecrivez un petit paragraphe.

LES ÉLÈVES AU POUVOIR?

◄**Dans votre établissement, pensez-vous que les élèves devraient avoir plus de pouvoirs?**

Dans quels domaines?	Oui %	Non %	Sans réponse %
la vie quotidienne du lycée (les locaux, la cantine)	88	10	2
les horaires	55	43	2
la qualité de l'enseignement	50	47	3
la discipline	51	43	6
l'orientation	77	20	3

141

DU SPORT ET LANGUES!

◄Dans les matières suivantes, pensez-vous qu'il n'y a pas assez, trop, ou juste comme il faut, d'heures de cours?

	Pas assez %	Trop d'heures de cours %	Comme il faut %	Sans réponse %
en maths	15	16	68	1
en français	22	14	60	4
en langues vivantes	50	9	39	2
en histoire/géo	26	14	55	5
en physique	13	20	49	18
en sciences naturelles	22	10	42	26
en éducation physique et sportive	57	10	31	2
en informatique	41	3	15	41
en économie	21	6	43	30
en matières artistiques	34	5	21	40
en philosophie	11	9	25	55

EXEMPLE

Dans mon groupe nous ne sommes pas d'accord avec les Français.
Les élèves devraient avoir moins de pouvoir.
Nous voudrions plus de mathématiques/moins d'anglais, autant de
langues vivantes.

plus de: more
moins de: less
autant de: as much

- Réalisez votre emploi du temps idéal.

 14   7.7   **Votre professeur idéal**

- Répondez individuellement aux questions dans le cahier
  d'exercices puis écrivez un paragraphe pour décrire votre
  professeur idéal.

- Parmi ces adjectifs choisissez-en trois importants pour vous.

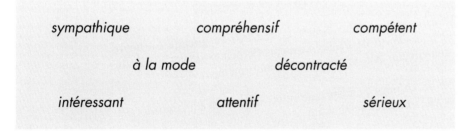

sympathique	compréhensif	compétent
à la mode	décontracté	
intéressant	attentif	sérieux

- Ecoutez ces jeunes répondre aux mêmes questions.
  Avec qui êtes-vous le plus d'accord?

  Véronique?   Julien?

- Lisez rapidement cette page puis écoutez le directeur de cette école parler de la discipline aux élèves. Il a oublié de mentionner 2 choses, lesquelles?

- Comparez ce règlement à celui de votre école. Y a-t-il des différences? Lesquelles?

DISCIPLINE GENERALE

Une **tenue convenable** est toujours exigée.

Tout ce qu'un élève utilise à l'école doit être marqué à son nom.
L'Ecole n'est pas responsable des pertes et déprédations d'objets personnels.

Tout jet de **projectiles** est formellement interdit.

L'usage du **tabac** peut conduire à l'exclusion de l'Etablissement.

Pour le transport et la protection des livres et des cahiers, **l'utilisation d'un cartable** (à bretelles) est exigée – ou pour le moins d'un sac à dos rigide. Toute sacoche de toile informe est interdite, ou son usage entraînera le retrait des livres prêtés par l'établissement.

L'introduction des **journaux, revues et livres** est réglementée.

Seuls les élèves ayant un 'deux roues' se rendent au **garage** à l'heure d'arrivée et celle de départ de l'Etablissement. En dehors de ces moments, **personne** ne doit circuler dans le garage, sans autorisation.

Toute tentative de **copiage** pendant une interrogation ou un contrôle, est sanctionnée par une **exclusion** temporaire.

Un élève qui **détériore volontairement** du matériel est exclu de l'Etablissement et ses parents doivent payer le montant des dégâts causés. Si le dommage est involontaire, la note doit être réglée par les parents. Si l'auteur du dommage reste inconnu, la note est répartie entre tous les élèves de la division ou de la classe concernée.

Toute sortie non autorisée est sanctionnée par une exclusion qui peut être immédiate et définitive.

Petite annonce

- Quelles sont les deux choses indispensables qu'un professeur doit avoir avant de répondre à cette annonce?

- Aura-t-il

  4h par semaine?

  4h par mois?

  4h par jour?

- Voici deux CV. Si vous étiez le directeur de l'école quel professeur choisiriez-vous? Pourquoi?

Etablissement d'enseignement supérieur recherche

PROFESSEUR D'ANGLAIS AGREGE(E)

pour 4 heures de cours hebdomadaires

EXPERIENCE DE L'ENSEIGNEMENT EXIGEE

envoyer CV et références n. Z-8347 à 'La Dépêche', avenue Jean-Baylet 31095 TOULOUSE Cedex qui transmettra

---

Madame Moore

25/1/1964 à Londres.
Anglaise
Rue des violettes 31560
    Toulouse
61-36-52-43
Deug B d'anglais
Licence d'anglais
CAPES
Agrégation
Poste actuel: Lycée Jules
    Vernes Bordeaux où
    j'enseigne depuis cinq ans
    des classes de 6ème à la
    terminale.
J'adore enseigner. Pour moi,
    l'essentiel c'est d'assurer la
    réussite aux examens,
    d'enseigner des méthodes
    efficaces et d'avoir de
    bonnes relations avec les
    élèves.

Monsieur Durant

22/10/1954 à Paris
Français
51 avenue de la
    Mourie, Chantilly
92-31-56-60
Agrégation en 1970
Poste actuel: Lycée
    Jean Moulin où
    j'enseigne depuis
    vingt ans
Pour moi le plus
    important c'est la
    discipline et faire
    travailler les
    élèves suivant des
    méthodes
    traditionnelles.

- Ecoutez l'interview du professeur sélectionné. Qui est-ce? Etes-vous d'accord avec le choix du directeur?

Le directeur de votre école vous a demandé d'envoyer un fax à une
école en France.

Presentation Convent
New Town Park

Tel (01) 2871257 Fax (01) 2587320

FAX MESSAGE

To: _Directeur du Lycée Victor Hugo_

From: _Mrs Hickey_

Number of Pages: _1_

Date: _12 March 1994_

Message:

_Your Lingua grant has finally come through and you hope to visit them
with three other students and your french teacher._

Ask would mid January suit them.

_Say that you would like to stay in a hostel nearby.
Could they recommend one?_

_Also, although you have their address, ask for directions from Charles
de Gaulle Airport to their school._

_Say that you hope that this visit will be the start of a fruitful
relationship between both schools._

Ecoutez ces trois conversations entre parents et adolescents et remplissez la grille.

Mes parents me rendent la vie impossible

Lisez les lettres de ces jeunes et répondez aux questions.

1 Dans ces lettres les jeunes ont des problèmes avec leurs parents.

- parce qu'ils veulent sortir tous les week-ends?
- parce que leurs parents veulent qu'ils travaillent beaucoup pour réussir leurs examens?
- parce qu'ils ont de mauvaises notes?

2 Que veulent faire ces jeunes (trois choses)?

3 Que veulent leurs parents (deux choses)?

4 Relevez dans les lettres les mots/expressions qui signifient

- je suis déprimé (1ʳᵉ lettre)
- je ne dis pas la vérité (1ʳᵉ and 2ᵈᵉ)
- il n'a pas réussi (2ᵈᵉ)
- deux mots pour 'strict', siugulier et pluriel (3ᵉᵐᵉ/4ᵉᵐᵉ).

5 Avez-vous le même problème que ces jeunes? Pourquoi?

1

MES PARENTS ME RENDENT LA VIE IMPOSSIBLE

J'ai le moral à zéro à cause de ma famille. Avec mes parents, il faut négocier. D'abord pour mon argent de poche, mais ça n'est pas le plus important. Je suis en 1ʳᵉ S! Voilà le malheur. Plus question de sortir. Déjà avant c'était difficile, alors maintenant! J'ai voulu aller à un concert de Ludwig von 28, dans ma ville; pas question. Au concert de Dépêche Mode à Bercy: pas question! Pour la télé, le téléphone (eh oui!) et la musique, c'est non, non et non!

Mes parents me répètent: *'Tu es en 1re S, y'a le bac de français à la fin de l'année, le bac en terminale, alors il faudrait peut-être penser à travailler.'* Et puis il y a les notes, c'est une obsession pour mes parents. Quand je rentre de cours le soir, c'est toujours la même chose: *'T'as eu des notes aujourd'hui?'* Alors maintenant, serai-je obligée de mentir pour sortir? J'ai 16 ans. Pour l'instant, je ne suis allée qu'à quelques boums, et j'espère vivement aller au moins une fois à un concert ou en boîte avant mes 17 ans.

O

Qu'êtes-vous prêts à sacrifier pour vos études?

2
JE L'AVOUE, JE TRICHE

Je vais avoir 18 ans dans deux mois, et j'ai le même problème que 'O'.

Mon exemple n'est peut-être pas à suivre, mais j'ai renoncé à me révolter. Mon frère a essayé, mais il a échoué. Moi, maintenant, je triche, je mens. C'est facile, mais dangereux.

En fait, la liberté est dans la tête. On est libre quand on vous considère comme responsable, quand on reconnaît votre personnalité, votre volonté et vos goûts. C'est ça, en fait, le plus important, bien plus peut-être que l'autorisation d'aller en boîte.

X, Tle

3
CHEZ NOUS AUSSI, ON 'CRAQUE'

J'ai le même problème que toi: mes parents sont très stricts et me laissent peu de liberté. Peut-être parce qu'ils ont reçu tous deux une éducation sévère et traditionnelle. Je dois travailler et avoir de très bonnes notes. Mais bien sûr, à 15 ans, je veux sortir en boîte et au cinéma avec des copains.

L'ambiance familiale est difficile. Nos parents veulent que nous soyons heureux plus tard. Seulement voilà, les plus belles années de notre vie sont à 15 ans!

Pierre-François, 2de

4
NON, T'ES PAS TOUTE SEULE

Non, tu n'es pas la seule à avoir des parents autoritaires. La télé? Un rare film de temps en temps. Pas de droit aux sorties, ni au cinéma, sinon, 'je n'aurai jamais mon bac'. Côté école, l'obsession, comme chez toi: les notes sont sacrées. Voilà ma vie, à moi aussi ...

X, 1re S

5
LE PLUS IMPORTANT: NE PAS TE DÉCEVOIR, TOI

Je ne pense pas que l'on soit obligé de passer son temps à travailler. Le travail, bien sûr, est très important mais il y a aussi la vie! Les loisirs, aller au cinéma, à des concerts, écouter de la musique, lire ...

Dis-toi que c'est pour toi que tu travailles, et non pour tes parents. Le plus important, c'est de ne pas te décevoir, toi.

Yannick, 3ème

Des sacrifices

- Avant d'écouter ces interviews regardez la liste des actions suivants.

  Pour réussir vos examens êtes-vous prêt à …
  Répondez oui ou non.
  - moins voir vos copains
  - renoncer à vos loisirs (sport/cinéma…)
  - passer des nuits blanches à travailler
  - sacrifier pour le moment votre petit(e) ami(e)
  - sauter des repas pour ne pas perdre de temps
  - tricher pendant les examens
  - prendre des médicaments pour vous tenir éveillé tard le soir

- Ecoutez la cassette et notez pour chaque personne 2 sacrifices qu'ils sont prêts à faire.

La fraude au BAC

- Comment les élèves fraudent-ils?

- Que pensez-vous du père de cette candidate spectaculaire?

- Que se passe-t-il si la fraude est prouvée?

LYCÉE

En 1987, le Ministère de l'Education nationale lance une enquête sur la fraude au bac. Sur 400 000 candidats, on observe 100 cas de fraude, (0,025%)! Soit l'élève est surpris avec un document, soit il copie sur le voisin. Il y a aussi les candidats qui communiquent entre eux, les copies identiques, les substitutions de personne. Cette année-là, une candidate qui planchait à Arcueil, communiquait par walkie-talkie avec son père. L'émetteur était caché dans son soutien-gorge! Mais les surveillants n'ont pas osé la fouiller! Il y a aussi les relevés de notes falsifiés entre les deux groupes d'épreuves, la liste d'oral modifiée.

On se limite souvent à une présomption de fraude. L'élève surpris avec un livre sur les genoux, mais qui prouve qu'il ne s'en est pas servi n'est pas reconnu coupable! Si en revanche, la fraude est évidente, il risque d'être interdit d'examen pendant un an, deux ans ou cinq ans, voire définitivement (substitution de personne).

Enquête

- Répondez honnêtement à cette enquête. Afin de pouvoir garder l'anonymat échangez vos résultats avec vos voisins/voisines plusieurs fois.

- Lisez les résultats de la feuille obtenue. Votre professeur notera au tableau. Etes-vous surpris par les résultats?

Avez-vous déjà triché?
- Parfois
- Jamais
- Souvent

Dans quelles disciplines trichez-vous?
- Langues
- Maths
- Histoire/géo

Qui est le premier responsable de la fraude au lycée?
- Les élèves
- Tout le système scolaire
- Les programmes trop difficiles
- Les professeurs

Vous préférez que le prof ...?
- Sanctionne
- Sans opinion
- Ferme les yeux

Témoin de fraude, que faites-vous?
- Vous vous taisez
- Vous dénoncez

Face à la fraude, que ressentez-vous?
- C'est injuste
- Ça ne me regarde pas

Pensez-vous que la triche fausse gravement les résultats scolaires?
- Non
- Oui

Pour lutter contre la fraude, que proposez-vous?
- Que les notes aient moins d'importance
- Plus de surveillance
- Des sanctions plus sévères

Lisez l'interview de ce médecin Pierre Lenoir pour aller plus loin, pour en savoir plus.

Les examens arrivent! Ça y est, vous ne sortez plus, ne faites plus de sport, travaillez près de douze heures par jour, dormez mal et ne prenez même plus le temps de manger. Est-ce là une bonne hygiène de vie pour réussir vos examens?

Les réponses de Pierre Lenoir, médecin généraliste.

Comptez-vous de nombreux lycéens parmi votre clientèle?
Les adolescents constituent une grande partie de ma clientèle ... tout spécialement dans les deux mois qui précèdent le bac!

Le bac serait-il donc une maladie?
Quand j'étais jeune médecin, personne ne venait jamais me voir avant de passer son bac. Maintenant c'est assez courant. On demande une aide médicale pour passer l'examen.

Que viennent vous demander ces jeunes?
La plupart se plaignent d'être fatigués. Mais après un examen complet, ils n'ont aucun problème de santé. Quand ils se disent fatigués, c'est plutôt un appel au secours. Ils veulent des médicaments pour apprendre mieux, avoir plus de mémoire, pouvoir travailler plus longtemps, être plus résistants, etc.

Certains médicaments peuvent-ils les aider?
Je préfère le dialogue qui permet de replacer l'importance du bac à son niveau réel. Mais certains jeunes ont vraiment besoin de repartir avec des médicaments pour reprendre pleinement confiance en eux. Dans ce cas, je prescris des produits sans grand effet, de la vitamine C par exemple. Par contre, les cocktails de vitamines qu'on trouve en ventre libre dans les pharmacies peuvent être relativement dangereux.

Pour ceux qui auraient des problèmes pour dormir, je recommande exceptionnellement des sédatifs à base de plantes. Même si tous ces produits ont un effet thérapeutique limité, je crois beaucoup à leur efficacité psychologique.

Pas de somnifères?
En aucun cas des somnifères pour la bonne raison qu'ils détruisent tous les bons effets du sommeil sur la mémoire. Il est très important de dormir en période de révisions, parce que le sommeil permet de stocker ce qui a été appris dans la journée. Il faut dormir, mais pas à n'importe quel prix! En cas d'insomnie, mieux vaut essayer le bain, la balade, la musique, tout ce qui détend et fait plaisir!

Faut-il s'enfermer chez soi et ne plus sortir?
Surtout pas, beaucoup de lycéens au moment du bac, s'enferment à la maison pour réviser. Voir des amis est indispensable pour se changer les idées, à condition de ne pas se coucher trop tard. Diminuer le temps consacré au sport pour ne pas se fatiguer mais le supprimer comme ils le font tous est une grave erreur.

Le sport est d'autant plus vital en période d'examens qu'il est une formidable école pour apprendre la décontraction, la relaxation. Et puisqu'il faut conclure, je dirai en quelques mots: bien se connaître, ne pas dépendre des médicaments et se faire plaisir!

Evaluation

Résumé

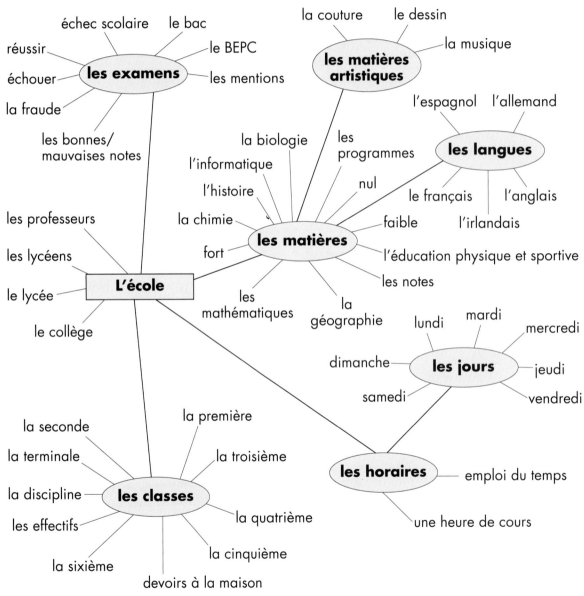

les examens
- échec scolaire
- le bac
- le BEPC
- les mentions
- réussir
- échouer
- la fraude
- les bonnes/mauvaises notes

les matières artistiques
- la couture
- le dessin
- la musique

les langues
- l'espagnol
- l'allemand
- le français
- l'anglais
- l'irlandais

les matières
- la biologie
- les programmes
- l'informatique
- l'histoire
- nul
- la chimie
- faible
- fort
- l'éducation physique et sportive
- les notes
- les mathématiques
- la géographie

L'école
- les professeurs
- les lycéens
- le lycée
- le collège

les jours
- lundi
- mardi
- mercredi
- dimanche
- jeudi
- samedi
- vendredi

les horaires
- emploi du temps
- une heure de cours

les classes
- la seconde
- la première
- la terminale
- la troisième
- la discipline
- la quatrième
- les effectifs
- la cinquième
- la sixième
- devoirs à la maison

Plus de – Je veux plus de mathématiques
Moins de – Je veux moins de français
Autant de – Je veux autant de sport

LINO VENTURA

- Est-ce que ce texte est une
    - autobiographie?
    - biographie?

- Remplissez cette fiche dans vote cahier:

Vrai nom: ....

Date de naissance: ....

Lieu de naissance: ....

Où habite-t-il en France: ....

Ses études: ....

Ses métiers: ....

Sa description physique: ....

Nom de sa femme: ....

Nom de sa fille: ....

Nom de son association: ....

But de l'association: ....

- Trouvez l'expression qui dit:
    - que les Français aimaient Lino Ventura.
    - que Lino Ventura aimait bien manger et boire avec ses amis.

- Pourquoi l'association s'appelle Perce-Neige? Pensez-vous que c'est un joli nom?

LINO VENTURA

'Je vais te faire une confidence: depuis que je suis petit, je ne sais pas pourquoi, si je suis dans une foule de cent mille personnes et s'il y a quelqu'un dans cette foule qui est malheureux et cherche un confident, c'est moi qu'il vient voir. Ça tombe toujours sur moi. Mais pourquoi? Mais qui dit que moi aussi je n'ai pas besoin de quelqu'un?'

Le 22 octobre, 1987, Lino Ventura meurt d'une crise cardiaque, un acteur qui vivra longtemps dans le coeur des Français.

De son vrai nom Angelo Borrini, Lino Ventura est né à Parme, en Italie, le 14 juillet 1919. Il arrive en France, à l'âge de 8 ans, avec sa famille.

Si ses souvenirs de petite enfance restent italiens, et si toute sa vie est marquée par ses origines, c'est à Marseille que Lino se fait une personnalité de 'dur'. C'est là qu'il grandit, le 'rital', enfant immigré parlant mal le français ...

Ses études sont rapides. Il exerce beaucoup de petits métiers (apprenti mécanicien, représentant, groom), avant que le sport ne lui permette de s'affirmer.

'La lutte est une école d'humilité extraordinaire'

Catcheur professionnel, puis champion d'Europe de lutte, il apprend sur le ring ce qu'est l'investissement personnel complet. Homme de rigueur et de respect, Lino Ventura se rappellera ces leçons toute sa vie.

En 1950, lors d'un combat, Lino est blessé. Il se casse la jambe, sa carrière est finie. Il devient alors organisateur de matches, à la salle Wagram, à Paris.

Son physique attire le réalisateur de cinéma, Jacques Becker. Lino débute au cinéma, en 1953, dans *Touchez pas au grisbi*.

A 34 ans, sans aucune formation, Lino Ventura entre dans le cinéma.

Lino Ventura, le comédien, c'est d'abord une tête: un visage aux rides creusées, aux gros yeux avec des sourcils noirs et épais, mais au sourire franc et bienveillant.

L'acteur connaît le véritable succès public, en 1958, avec Le *gorille vous salue bien*, de Bernard Borderie, où il joue un agent des Services Spéciaux.

Pour que son image ne reste pas toujours associée aux rôles de brutes, il joue, en 1960, sous la direction de Claude Sautet, *Classe tout risque*.

Parmi ses films principaux, citons aussi: *Le clan des Siciliens*, *L'aventure c'est l'aventure*, *Les tontons flingueurs*, *La gifle*, *Les misérables*, de Robert Hossein.

'Mes amis sont ma plus grande richesse'

Lino donne beaucoup d'importance, dans sa vie, à ses amis. Il aime les inviter dans sa villa de Saint-Cloud. Bon vivant, il leur cuisine des petits plats (ses spécialités sont les pâtes fraîches à l'italienne) et il ouvre toujours une bonne bouteille de vin.

C'est un grand plaisir pour lui de partager ce qu'il aime avec ses amis.

'Je déteste parler de mes sentiments'

Pourtant, un drame marque la vie des Ventura. Leur fille Linda a une maladie mentale. Pour arrêter 'la ségrégation existant entre les adultes et enfants handicapés, et le monde dit normal', Lino Ventura fonde avec sa femme, en 1966, l'association Perce-Neige, au profit des handicapés.

Un joli nom bien symbolique: le perce-neige est une petite fleur blanche délicate et si courageuse qu'elle fleurit par les froids les plus vifs. Perce-neige est vraiment le fruit des efforts et des luttes de Lino et d'Odette Ventura.

Lino est tendre et généreux, digne et courageux. Perce-Neige témoigne de ses merveilleuses qualités de coeur, mais aussi de sa détermination.

Les Misérables

7.13

• Avant de lire le texte, essayez de deviner les événements de ce passage en mettant ces titres dans l'ordre

- Jean Valjean est arrêté
- La mort de Fantine
- Jean Valjean menace Javert
- Jean Valjean supplie Javert de le laisser aller chercher Cosette
- Jean Valjean fait une promesse à Fantine.

• Maintenant lisez le texte. Comparez votre ordre avec celui du texte. Etes-vous surpris?

• A votre avis quelle est la promesse de Jean Valjean à Fantine?

La promesse de Jean Valjean

Monsieur Madeleine redevenu Jean Valjean va voir Fantine quand Javert veut l'arrêter.

Jean Valjean continue en baissant la voix: 'C'est une prière que j'ai à vous faire.' 'Je te dis de parler tout haut.' 'Mais cela doit être entendu de vous seul.' 'Qu'est-ce que cela me fait? Je n'écoute pas!'

Jean Valjean lui dit rapidement et très bas: 'Donnez-moi trois jours! Trois jours pour aller chercher l'enfant de cette malheureuse femme! Je paierai ce qu'il faudra. Venez avec moi si vous voulez.'

'Tu veux rire!' répond Javert. 'Ah! ça, je ne te croyais pas si bête. Tu me demandes trois jours pour t'en aller et tu dis que c'est pour aller chercher l'enfant de cette femme! Ah! Ah! c'est bon! voilà qui est bon!'

'Mon enfant!' crie Fantine; 'allez chercher mon enfant! Elle n'est donc pas ici! Ma soeur, répondez-moi. Où est ma Cosette? Je veux mon enfant! Monsieur Madeleine! Monsieur le maire!'

Javert frappe du pied: 'Voilà l'autre, maintenant! Te *tairas-tu*? Je te dis qu'il n'y a pas de M. Madeleine et qu'il n'y a pas de M. le maire. Il y a un voleur, il y a un nommé Jean Valjean! C'est lui que je tiens! Voilà ce qu'il y a!'

Fantine se soulève sur les bras et ses deux mains; elle regarde Jean Valjean, elle regarde la religieuse, elle ouvre la bouche comme pour parler, un cri sourd sort du fond de sa poitrine, elle tend les bras, ouvre et ferme les mains et cherche autour d'elle, elle tombe sur *l'oreiller*. Sa tête frappe le fer du lit et vient retomber sur sa poitrine, la bouche ouverte, les yeux ouverts. Elle est morte.

Jean Valjean pose sa main sur la main de Javert qui le tient, et l'ouvre comme il ouvrirait la main d'un enfant, puis il dit à Javert: 'Vous avez tué cette femme.' 'Finirons-nous!' crie Javert. 'Je ne suis pas ici pour t'écouter. Les gendarmes sont *en bas*. Marche tout de suite, ou je t'attache les mains!'

Dans un coin de la chambre il y a un vieux lit en fer tout cassé qui sert aux soeurs, la nuit, quand elles gardent les malades. Jean Valjean va à ce lit, enlève l'un des pieds, chose facile à un homme de sa force, et regarde Javert. Javert recule vers la porte.

Jean Valjean, son morceau de fer à la main, marche lentement vers le lit de Fantine. Quand il y arrive, il se retourne et dit à Javert d'une voix qu'on entend à peine: 'Je ne vous conseille pas de me déranger en ce moment.' Puis il pose ses mains sur le lit et regarde Fantine. Il reste ainsi, muet, et ne pense plus à aucune chose de cette vie. Après quelques moments de cette rêverie, il se penche vers Fantine et lui parle à voix basse. Que lui dit-il? Que peut dire cet homme rejeté de tous à cette femme qui est morte? Il prend dans ses mains la tête de Fantine et la pose sur l'oreiller comme une mère ferait pour son enfant. Il lui rattache sa chemise et arrange ses cheveux. Cela fait, il lui ferme les yeux. Le visage de Fantine semble curieusement *éclairé*. La mort, c'est l'entrée dans la grande lumière.

La main de la morte *pend* hors du lit. Jean Valjean se met à *genoux* devant cette main, et y porte ses lèvres. Puis il se relève, et, se tournant vers Javert:
'Maintenant, dit-il, *je suis à vous*.'

se taire – *to keep quiet*; l'oreiller – *pillow*; en bas – *downstairs*; pied du lit – *leg of the bed*; reculer – *to move back*; le fer – *iron*; déranger – *to disturb*; éclairer – *to light*; pendre – *to hang*; un genoux – *knee*; être à vous – *to be yours*

LES MISERABLES TOME 1 – FANTINE: Adaptation en français facile par P de BEAUMONT
© Hachette.

Unité 8

Les voyages en avion

OBJECTIFS
- Réserver un billet d'avion
- Donner les informations d'une carte de crédit
- Réserver une chambre d'hôtel
- Demander la nationalité de quelqu'un
- En cas d'urgence

157

Lisez cette publicité.

- Quel est le but de cette publicité?

- Que vous offre la formule 'Visit France'?

- Relevez dans le texte les mots/expressions qui signifient:
  – étonner
  – changer d'atmosphère
  – vos possibilités financières.

- Ecrivez une lettre pour demander des informations, gardez une copie de la lettre et de la réponse dans votre portefolio.

Ne vous y trompez pas, la France est riche de paysages qui procurent un dépaysement sans frontières et ce, sans avoir à sortir des nôtres. Avec Visit France vous aurez tout compris: avion, hôtel, voiture… En semaine ou en week-end, avec ou sans transport, toutes vos activités font partie de nos formules. Et grâce aux brochures Visit France, Visit France Relais et Château, Visit France Neige et Visit France Escale, vous pouvez choisir non seulement la destination de votre séjour mais aussi la formule convenant le mieux à votre budget. Renseignements – Réservations: Agences de Voyages, Agences Air Inter, Centres d'Informations Visit France: Terminal Elysées, 49 avenue des Champs Elysées. 75008 PARIS. Tél. (1) 42893940. Orly Ouest Hall 2. Tél. (1) 46752504

VISIT FRANCE
La Référence

Allô informations

- Ces personnes téléphonent pour avoir des informations sur les heures des vols.
  Cochez les cases.

Quand vous réservez un billet d'avion sur les lignes intérieures demandez toujours s'il y a de la place sur un vol bleu, le billet sera moins cher. S'il n'y a pas de places préférez un vol blanc à un vol rouge.

Réservations

Ecoutez ces personnes réserver leur billet d'avion. Remplissez la grille.

A vous!

En paire jouez à tour de rôle le passager et l'hôtesse de l'agence de voyage en suivant les détails sur les cartes ci–dessous.

Passager	Hôtesse
Vol Aller-Retour Paris-Lyon. Aller le 10 janvier, Retour le 15 janvier pour 1 personne Vol bleu? Prix Paiement par carte de crédit N° 135556789 Date: le 5 juin 97	– Heures des vols – 6.30, 14.40, 17.55 – Vol bleu à 14.40 de Roissy – Prix aller-retour 650F – Mode de paiement?
Vol aller simple Paris-Nice 2 personnes Date – 12 mars Vol bleu Prix? Paiement argent liquide	Heures des vols De Roissy, vol bleu à 10.55 D'Orly 17.30 Prix aller simple 350F Mode de paiement?

Regardez ces 2 publicités, elles proposent aux Français d'aller en Irlande.

Publicité A
Combien coûte un billet Aller-Retour Paris-Dublin-Paris?
Que vous promet cette publicité?

Publicité B
Qu'est-ce qui est compris dans le prix de ce voyage?
Que pensez-vous de l'idée de fantômes pour faire de la publicité pour l'Irlande?

A

Paris-Dublin. 1490 F* A/R. Vous allez pouvoir apprécier la légendaire hospitalité des Irlandais.

GROUPE AIR FRANCE

AIR INTER
Pourquoi vivre sans ailes

B

Pour que notre week-end en manoir à 3390F* soit encore plus reposant, nous avons obtenu des fantômes irlandais qu'ils ne portent ni chaîne   ni boulet.

*Pour de plus amples informations sur notre week-end en manoir à partir de 3390 F par personne (en mi-saison sur la base de 4 pers.) comprenant un aller-retour sur Aer Lingus, 3 nuits et la location d'une voiture (kilométrage illimité); contactez Cara Voyages (le tour opérateur irlandais) au 47 42 10 64, votre agence de voyage ou l'Office National du Tourisme Irlandais - 33 rue de Miromesnil - 75008 Paris. ❋Irlande Tarif aux conditions particulières et sous réserve d'approbation gouvernementale.

CARA voyages

Offre valable pour toute réservation passée avant le 31 mars 92.   **3615 AER LINGUS**

- Regardez la page suivante, à votre avis s'agit-il:

    - d'une publicité
    - d'une page d'une brochure de voyage?

- Lisez cette page:

    - quel est le prix minimum pour un séjour à Nice avec avion, hôtel, auto pour 3 jours?
    - quel est le prix maximum pour le même voyage?

- Avec la deuxième partie de la page, 'Les Points Forts', organisez la liste des visites que vous feriez et pourquoi?

Dans le texte 'Les Points Forts':

- Si vous aimez visiter les musées d'art, où iriez-vous (3 villes)?

- Donnez le nom des 2 promenades les plus célèbres de la côte d'azur.

- Le monde marin vous intéresse, où pouvez-vous aller (2 endroits)?

- Vous devez aller à l'aéroport, vous n'avez que 50 F. Quel moyen de transport prenez-vous?

NICE CANNES MONACO

AVION-HOTEL-AUTO

■ AVION

à partir de **680**F
Paris – Nice
vol aller/retour

Tous les tarifs aériens applicables peuvent être utilisés, mais avec une nuit d'hôtel minimum le samedi.

1. Vols et tarifs Air France Super Vacances, aller et retour au départ de PARIS .... **680 F•**
12 vols désignés hebdomadaires. Retour possible à compter du 1er dimanche suivant le départ.
Séjour maximum: 10 jours.

2. Vols et tarifs Air France Vacances, aller et retour au départ de PARIS.
2 vols désignés quotidiens, mais aussi des vols supplémentaires
selon saison .... **960 F•**
Retour possible à compter du 1er dimanche suivant le départ.
Séjour maximum: 1 mois.

3. Autres vols et tarifs Air France, aller et retour
Pour les 6 à 8 vols quotidiens Air France:
Tarif Classe Affaires,
exclusivité Air France: .... **1 910 F•**
Tarif Classe Economique: .... **1 590 F•**
Billet valable un an, sans contraintes.

■ HÔTEL

à partir de **146**F
une nuit, par personne
avec petit déjeuner continental

A NICE

Hôtel de Kent
■ ■ ☐ ☐ ☐ catégorie standard

16 rue Chaivain. 06000 Nice
Tél: 93 80 76 11
Situé à proximité de l'espace Masséna, des plages et du casino. 32 chambres insonorisées.

Exemples de prix au 1/04/94
(autres périodes p.86 à 88):
chambre double .... **146 F**
chambre individuelle .... **255 F**

Hôtel Elysée Palace
■ ■ ■ ☐ ☐ 1ère catégorie

Promenade des Anglais. Rue Honoré Sauvan. 06000 Nice. Tél: 93.86.06.06
Hôtel situé face à la Baie des Anges à 30 mètres de la plage. Restaurant, bar. Piscine sur le toit.

Toute la saison:
chambre double .... **358 F**
chambre individuelle .... **613 F**

■ AUTO

à partir de **606**F
3 jours – kilométrage
illimité

AVIS/EUROPCAR
Cat. A: Renault Super 5, Ford Fiesta.
Cat. C: Renault 19, Ford Escort.

EXEMPLES DE PRIX

3 jours EUROPCAR, Cat. A .... **606 F**
7 jours EUROPCAR, Cat. C ...... **1 460 F**

Prix et conditions détaillés p. 89 à 93.
Rendez-vous AVIS:
Aéroport: Nice-Côte d'Azur
Tél: 93.21.36.33.
Ville: 2, rue des Phocéens
Tél: 93.80.63.52.

Rendez-vous EUROPCAR:
Aéroport: Tél: 93.21.36.44.
Ville: 89 rue de France
Tél: 93.87.08.53.

LES POINTS FORTS

• Le charme du littoral des Alpes-Maritimes offrant rêves et contrastes.
• La pinède de Juan-les-Pins, la verrerie de Biot, le musée Fernand-Léger.
• Le Cap d'Antibes, la vieille ville entourée de remparts, sa cathédrale, le château Grimaldi (musée Picasso) et le Marineland, premier parc d'attractions marines européen.
• La Croisette, célèbre promenade de Cannes, où tout se noue et se dénoue sur fond de décor bleu vacances, et le superbe panorama du haut de la tour du Suquet.
• La vieille ville de Monaco, assise sur son rocher, pimpante comme dans un conte de fées.
• Son casino somptueux dû à Charles Garnier, l'architecte de l'Opéra de Paris, lieu de prédilection des grands joueurs.
• Son superbe musée océanographique.
• A Nice, la fameuse promenade des Anglais, face à la ligne bleue de la baie des Anges.

• La saison niçoise bat son plein de janvier à avril: courses hippiques, carnaval, batailles de fleurs, régates internationales, etc.
• Le mont Chauve, point culminant du pays niçois (854m) d'où vous aurez la plus belle vue sur la ville et ses environs.
• Les trésors permanents de l'arrière-pays avec ses villages haut-perchés comme Tourette-sur-Loup, Saint-Paul-de-Vence et Gourdon.
• Près de Saint-Paul, la Fondation Maeght, étonnant musée d'art moderne.

DE L'USAGE DE NICE:

Liaisons aéroport/ville: 9 km.
En car: 15 mn de trajet entre l'aéroport et le centre-ville. Départ toutes les 15 mn. Prix: 15 F environ.
En taxi: 10 mn de trajet, 100F environ.
• **Service accueil Air France:**
    10 avenue Félix Faure,
    06000 Nice
    Tél: 93.80.66.11.

Téléphoner à un hôtel

Lisez la description de ces hôtels, puis écoutez ces personnes réserver une chambre d'hôtel. Faites correspondre les conversations avec les hôtels.

A

A CANNES
Hôtel Majestic

■ ■ ■ ■ ■ catégorie luxe

La Croisette – BP 163,
06407 Cannes Cedex.
Tél: 93.68.91.00.
Situé sur la croisette. 360 chambres. 2 restaurants, 2 bars, grill, piscine d'eau de mer, plage privée, parking. Possibilités de pratiquer le golf, tennis, équitation, planche à voile, gymnastique.

Exemples de prix au 1/04/94
(autres périodes p. 86 à 88):
chambre double   **540 F**
chambre individuelle   **840 F**

B

A MONACO
Hôtel Beach Plaza Monaco

■ ■ ■ ■ ☐ catégorie supérieure

22 Avenue Princesse-Grace – BP 137 – Monte-Carlo – Monaco.
Tél: 93.30.98.80.
En bordure de plage, 3 piscines dont deux d'eau de mer, un restaurant, piano-bar, 300 chambres.

Exemples de prix au 1/04/94
(autres périodes p. 86 à 88):
chambre individuelle   **766 F**
chambre double   **471 F**

C

A NICE
Hôtel de Kent

■ ■ ☐ ☐ ☐ catégorie standard

16 rue Chauvain. 06000 Nice.
Tél: 93.80.76.11

Situé à proximité de l'espace Masséna, des plages et du casino. 32 chambres insonorisées.

Exemples de prix au 1/04/94
(autres périodes p. 86 à 88):
chambre double   **146 F**
chambre individuelle   **255 F**

A vous!

En paire, à tour de rôle, jouez le rôle du client et de la réceptionniste puis écrivez une lettre pour confirmer votre réservation en donnant:

- les dates/le nombre de nuits

- le type de chambre

- le prix de la chambre.

Pour vous aider à écrire votre lettre

L'expression de temps et de durée

Dans le temps

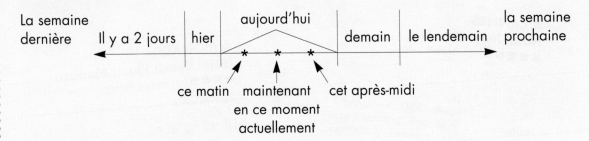

La semaine dernière — Il y a 2 jours | hier | aujourd'hui | demain | le lendemain | la semaine prochaine

ce matin — maintenant — cet après-midi
en ce moment
actuellement

EXEMPLE

aujourd'hui
en ce moment } nous n'avons pas de chambres libres.
actuellement

J'ai téléphoné: il y a 2 jours
                  la semaine dernière } pour confirmer ma réservation.
                  hier

J'arriverai demain matin et je repartirai le lendemain.

Je vous confirme ma réservation pour la semaine prochaine.

La durée

Vous voulez réserver pour combien de temps?

pour 3 semaines   pour 15 jours   à partir du 12   du 12 au 17
                                       jusqu'au 14   juillet

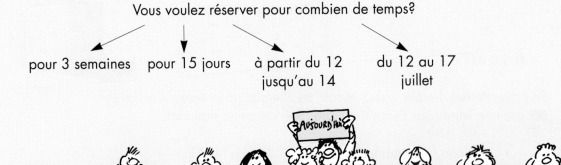

Décollez heureux

- Lisez ce texte et faites correspondre un de ces titres à chaque paragraphe.

- Ecrivez une ou deux phrases en français/ou en anglais pour résumer chaque paragraphe.

- Faites la liste des conseils qui vous paraissent importants.

1 DES BAGAGES SANS DOMMAGE

2 VOTRE VOYAGE

3 NON AU MAL DE L'AIR!

4 VOTRE BAGAGE À MAIN

5 SAVOIR VIVRE

6 GARDER L'ESSENTIEL SUR VOUS

7 LA LISTE PENSE-BETE

8 OBJETS SUSPECTS

DÉCOLLEZ HEUREUX!

Bienvenue à bord de vos vacances! Voyagez libres comme l'air, de la bonne humeur plein vos bagages. Globe-trottez le coeur léger, pour ne pas perdre une minute des découvertes de l'été. Décollage immédiat, attachez vos ceintures. Mieux vous préparez votre voyage, moins vous volez votre plaisir!

Quelle que soit votre courtoisie, n'acceptez pas de prendre en charge des paquets confiés par des inconnus. Dans ce cas précis, il est interdit d'être serviable. Il existe d'ailleurs des services spéciaux pour transporter les bagages sans passager.

En revanche, n'ayez pas peur pour vos appareils-photo, pellicules, bandes magnétiques: ils passent les contrôles sans dommage.

Avant de partir. Votre médecin ou votre pharmacien pourra vous indiquer un médicament spécial contre le mal des 'transports'.

Sinon au décollage et à l'atterrissage essayez de sucer un bonbon ou mâcher un chewing-gum pour activer votre salivation. Si vos oreilles commencent à se boucher, bâillez un grand coup.

Pour décoller sans rien oublier vous devez faire une liste de contrôle personnalisée. Passez-vous en revue des pieds à la tête et notez, méthodiquement, ce que vous devez emporter en fonction de votre destination. Pieds: baskets, chaussures de montagne... Plus haut: caleçons, maillots, short de tennis... Tee-shirts, pulls, blouson...

Si vous procédez systé-matiquement, vous pensez à tout: raquette (pour la main droite): brosse (pour les dents); Crème solaire, lunettes, livres, appareil-photo (pour les yeux); baladeur, cassettes (pour les oreilles); shampooing, peigne... (pour les cheveux)...

Al'enregistrement, vos bagages partiront de leur côté, vers la soute de l'avion. Vous les

récupérerez à l'arrivée sur le tapis roulant qui correspond au numéro de votre vol. N'y enfermez donc pas vos papiers, ou ce dont vous aurez besoin en vol.

Vous avez le droit de garder un bagage léger près de vous. Choisissez-le pratique (genre sac à dos), avec des poches. Vous y mettrez vos papiers, votre argent, votre billet, évidemment. Mais aussi de quoi faire un peu de toilette, de quoi manger, de quoi vous distraire (lecture, jeux, baladeur et cassettes...)

Vérifiez si vos bagages sont en bon état.

Placez les objets lourds au fond (livres, chaussures, emballées à part...)

Pliez vos vêtements au format de votre valise. Placez au-dessus ce dont vous aurez besoin en premier.

Quant à votre trousse de toilette, mettez-la dans le sac que vous garderez avec vous. Evaluez le poids total de votre bagage. Attention: en avion, il est souvent limité à 20 kilos par personne.

Choisissez de porter des vêtements confortables, ni trop serrés ni trop fragiles. En avion, le corps a tendance à gonfler. Ne portez pas un jean très serré. Pour la même raison, ne choisissez pas des chaussures trop justes.

Portez des vêtements légers superposés (genre tee-shirt, sweat-shirt et coupe-vent), que vous pourrez facilement enlever ou remettre selon le climat ambiant de la cabine. Préférez le coton aux textiles synthétiques: cela vous évitera de transpirer.

Je vous conseille de garder sur vous un peu de monnaie pour acheter une boisson à moins que celle-ci ne vous soit gentiment offerte par la compagnie.

Dans une pochette glissée à votre ceinture, rassemblez papiers d'identité, billets, argent, carnet d'adresses et carte de téléphone. Collez sur tous vos bagages des étiquettes avec vos noms, adresses (habituelle et de vacances), et numéros de téléphone.

Avant le départ, photocopiez passeport, carte d'identité et billets, et placez ces doubles dans votre valise. Curieusement, on vous vole rarement vos papiers quand vous prenez ce genre de précautions. L'esprit tranquille, vous oubliez même de les perdre!

Dès la salle d'embarquement, souriez à vos compagnons de vol. Osez parler à vos voisins. Pendant le voyage soyez à la fois détendu et poli. N'hésitez pas à demander une revue ou des renseignements à l'hôtesse mais ne prenez pas tout son temps.

Si vous voulez vous déplacer, évitez de choisir le moment précis ou il se sert une boisson. Rangez vos petites affaires dans le coffre à bagages pour ne pas bloquer le couloir. Aidez vos voisins à mettre leurs bagages dans les coffres à bagages. Réglez votre baladeur 'mezzovoce'. Arrêtez d'écouter la radio pendant l'atterrissage et le décollage: cela pourrait brouiller les fréquences. Ecoutez les paroles de bienvenue du commandant de bord, et suivez les démonstrations du personnel navigant: c'est à vous qu'ils s'adressent!

10   Verbes + infinitif

- Regardez les verbes suivants extraits de 'Décollez heureux' et classez-les en trois catégories.

n'acceptez pas **de** prendre

il pourra vous indiquer

il est interdit **d'**être

elles commencent **à** se boucher

essayez **de** sucer

vous devez faire une liste

vous devez emporter

choisissez **de** porter des vêtements

vous pourrez enlever

je vous conseille **de** garder

vous oubliez **de** les perdre

osez parler

n'hésitez pas **à** demander

vous voulez vous déplacer

évitez **de** choisir

arrêtez **d'**écouter

aidez vos voisins **à** mettre

- Vous avez remarqué?

On trouve souvent l'infinitif:

après **de**	– évitez **de** choisir
après **à**	– elles commencent **à** se boucher
après **un verbe**	– osez parler

Voici une liste de verbec + infinitif

Verbe + à + infinitif

VERBE		EXEMPLE
aider	à	J'aide à faire la vaisselle
apprendre	à	J'apprends à lire
commencer	à	Je commence à comprendre
demander	à faire quelque chose	Je demande à parler
enseigner à (quelqu'un)	à faire quelque chose	Je lui enseigne à tricoter
s'habituer	à	Je m'habitue à lire le soir
hésiter	à	J'hésite à demander
inviter (quelqu'un)	à faire quelque chose	Je l'invite à venir en France

Verbe + de + infinitif

VERBE		EXEMPLE
accepter	de	J'accepte de venir
arrêter	de	J'arrête de fumer
choisir	de	Je choisis de partir
conseiller (à quelqu'un)	de faire quelque chose	Je lui conseille d'écouter
décider	de	Je décide de changer
demander (à quelqu'un)	de faire quelque chose	Je lui demande de rester
dire (à quelqu'un)	de	Je lui dis de téléphoner
essayer	de	J'essaie de comprendre
oublier	de	J'ai oublié de compter
éviter	de	J'ai évité de déranger ma mère
être obligé	de	Je suis obligé de sortir

Verbe + infinitif

VERBE		EXEMPLE
adorer		J'adore aller au cinéma
aimer		J'aime lire
aller		Je vais chanter
devoir	faire quelque chose	Je dois manger
espérer		J'espère venir bientôt
oser		J'ose parler
pouvoir		Je peux parler français
savoir		Je sais nager
vouloir		Je veux aller en France

• Complétez si nécessaire avec de ou à dans le cahier d'exercices.

A l'enregistrement

- Ecoutez ces 4 conversations entre des passagers et le personnel au sol à l'enregistrement des bagages.
  Notez s'ils sont des passagers:

  > Plein ciel (1ère classe)
  > Loisirs (2ème classe)
  > Fumeur
  > Non fumeur.

- A votre tour jouez une conversation entre le personnel au sol et un passager.
  Regardez la carte d'embarquement pour les informations dont vous avez besoin?

  - Destination du vol
  - L'heure
  - La porte
  - Classe

Embarquement immédiat

Remplissez la grille.

Dans l'avion

Notez le numéro de la conversation dans la case.

- Lisez la page suivante puis répondez aux questions.

  – Que sert-on au petit déjeuner à tous les passagers?
  – Dans la journée, quelles sont les boissons offertes gratuitement à tous les passagers?
  – Quel est l'avantage d'être un passager plein ciel?
  – Quelles sont les boissons payantes pour tous les passagers?

- Maintenant à tour de rôle jouez l'hôtesse/le steward et le passager.
  Commandez une boisson gratuite/payante.

Les prestations à bord: vols intérieurs

Premiers vols matinaux

Un service de boissons chaudes (café, thé ou chocolat) est offert à tous les passagers

autres vols de la journée

MATANGI LEMON TONIC• 20 cl **10 F**	**RICARD** 2 cl **15 F**
JUS D'ORANGE• 20 cl **10 F**	**WHISKY** 5 cl **25 F**
COCA-COLA• 33 cl **10 F**	**COGNAC** 3 cl **25 F**
ORANGINA LIGHT• 33 cl **10 F**	**GIN** 5 cl **25 F**
JUS DE TOMATE• 20 cl **10 F**	
BIERE• 25 cl **10 F**	**CHAMPAGNE** 20 cl **35 F**

• **Ces boissons sont offertes aux passagers Plein Ciel.**

Les eaux minérales gazeuses ou non sont offertes gracieusement.

Les impératifs de sécurité, les possibilités de stockage à bord, le temps disponible en vol, ne nous permettront pas toujours de répondre à votre demande.

- Lisez les 11 questions posées à Agnès Leval et faites la liste des grandes idées qui vont être développées.

EXEMPLE   Q1 – What she likes in her job ...

- Lisez les réponses. Quels sont les aspects agréables de ce métier et les inconvénients?

- Aimeriez-vous travailler dans un avion ou un aéroport? Expliquez pourquoi.

INTERVIEW
Agnès Leval

Agnès Leval a vingt-huit ans. Hôtesse de l'air à Air France, elle a accepté de répondre à nos questions.

Q. *Qu'est-ce qui vous attire dans votre métier d'hôtesse de l'air?*
A.L: Le voyage m'attire. Ce n'est jamais la même chose. Aujourd'hui, je suis à Paris, demain je serai à Rio de Janeiro et ainsi de suite. Mais il y a plus que cela; ce métier me laisse beaucoup de temps libre. Il me permet de me consacrer à mes passetemps: la peinture, la couture, l'apprentissage des langues.

Q. *Combien parlez-vous de langues?*
A.L: Je parle 3 langues couramment et le français bien sûr. Je parle anglais, espagnol et allemand. J'apprends aussi le portugais et l'italien.

Q. *Comment êtes-vous devenue hôtesse de l'air?*
A.L: C'est le hasard qui m'a fait devenir hôtesse de l'air et je ne le regrette pas aujourd'hui.
J'étais infirmière. Puis sur les conseils d'amis, j'ai posé ma candidature à Air France, il y a trois ans. A ma grande surprise, j'ai été sélectionnée.

Q: *Voyager tout le temps, c'est agréable. Mais servir des passagers, n'est-ce pas un peu ennuyeux?*
A.L: Non, pas vraiment. Personnellement, je compare toujours avec mon métier précédent. Servir des passagers, c'est plus simple. L'atmosphère dans laquelle ça se passe est aussi très différente.

Q: *Ces passagers, comment sont-ils en général?*
A.L: C'est comme dans la vie, on rencontre des gens de toutes sortes. La plupart sont agréables. On a parfois affaire à des clients très exigeants qui manifestent leur mauvaise humeur dès qu'ils n'ont pas le journal qu'ils veulent, par exemple. Avant un départ pour un long voyage les passagers ont eu des tas de problèmes: l'arrivée à l'aéroport, l'enregistrement des bagages la peur du vol, etc. Pour ces raisons ils sont nerveux et très agressifs. Ils attendent de l'hôtesse qu'elle les aide à se détendre. Il n'y a plus qu'à être charmante, calme, polie.

Q: *Vous aimez être en uniforme?*
A.L: Oui, pendant mon temps de travail mais pas une seconde après. Je préfère porter mes vêtements personnels. C'était la même chose lorsque j'étais infirmière.

Q: *Quelle est la ville que vous aimez le plus?*
A.L: J'aime beaucoup Rio de Janeiro. A force d'y aller, je m'y suis fait des amis. J'ai appris la langue. Je connais des coins sympathiques. Mon temps d'escale là-bas est toujours un grand moment. On ne peut pas trouver cela dans chaque pays. Mais il faut le rechercher.

Q: *Pourquoi beaucoup de jeunes filles rêvent-elles d'être hôtesses de l'air?*
A.L: A cause des beaux côtés du métier dont je viens de vous parler. Mais il y a les côtés difficiles. Par exemple, il n'est pas facile d'être mariée car nous passons rarement plus de dix jours par mois chez nous. Pour cette raison notre profession compte beaucoup de femmes seules ou divorcées.

Q: *N'avez-vous pas assez des avions et des aéroports?*
A.L: Détrompez-vous. Je suis étonnée, comme au premier jour, de voir voler un Boeing 747. C'est si lourd! Je sais que techniquement c'est possible. Mais ça ne m'empêche pas d'être fascinée. La merveilleuse machine qu'est l'aéroport est aussi un sujet d'étonnement permanent pour ceux qui volent régulièrement.

Q: *Et la piraterie aérienne?*
A.L: Nous recevons une formation très poussée pour faire face à des situations extrêmes. On nous apprend à vaincre notre peur. Depuis trois années que je vole, rien ne m'est arrivé. Donc, je suis confiante.

Q: *En somme, dans l'avion, vous êtes une image rassurante, et aussi une confiante...*
A.L: Je crois surtout qu'il faut être spontanée tout en étant très psychologue.
C'est un métier de contacts humains. Avant tout, il faut aimer servir et mettre les passagers en situation de confiance. Je me dis toujours 'mission accomplie' lorsque les passagers quittent l'avion avec le sourire.

Stud'air

- Lisez la publicité de cette école.

    - Que vous promet cette école après la formation?

- Trouvez les mots et expressions qui signifient:

    - training
    - recognised school

    - all in one price
    - success

- Ecrivez une lettre en demandant des renseignements complémentaires sur l'école. Vous voulez devenir une hôtesse de l'air/un steward.

    - Combien d'années/mois d'étude?
    - Conditions de sélection/examen d'entrée?
    - Prix?

STUD'AIR

Bien plus qu'une formation, une qualification.

HOTESSES DE L'AIR STEWARDS

- Formation de courte durée pour préparation au DIPLOME D'ETAT
- ECOLE AGREEE
- 23 ans de spécialisation aéronautique dont 9 dans la formation d'hôtesses de l'air et de stewards
- Une équipe pédagogique très performante (TOUS NAVIGANTS)
- Formules adaptées pour tous
- Présélection rigoureuse
- TARIFS FORFAITAIRES jusqu'à REUSSITE COMPLETE
- Suivi professionnel assuré.

LES REFERENCES DE STUD'AIR (vérifiables) :
- 95% de réussite au diplôme d'Etat
- plus de 90% d'intégration en compagnies aériennes après formation.

POUR TOUS RENSEIGNEMENTS : **UNE ESCALE INTELLIGENTE**
STUD'AIR - 93, Bd de la République - 92100 BOULOGNE
Tél. : 47. 61. 09. 91 - Fax : 41. 41. 00. 26

---

17 **8.7** **Sur un vol international**

Ces passagers font connaissance. Remplissez la grille.

---

18 **Réseau de mots**

Remplissez ce réseau de mots avec les mots nouveaux de l'unité. Le texte 'Décollez Heureux' peut vous aider.

Consignes de sécurité

Ecoutez ces consignes de sécurité et faites-les correspondre avec les images dans le cahier d'exercices.

| 20 |

Les dernières minutes du 747

- Avant de lire cet article remettez les événements dans l'ordre.

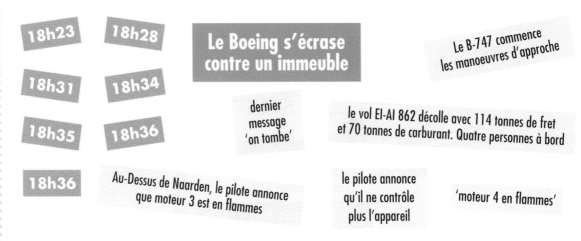

18h23   18h28

Le Boeing s'écrase contre un immeuble

Le B-747 commence les manoeuvres d'approche

18h31   18h34

dernier message 'on tombe'

le vol El-Al 862 décolle avec 114 tonnes de fret et 70 tonnes de carburant. Quatre personnes à bord

18h35   18h36

18h36   Au-Dessus de Naarden, le pilote annonce que moteur 3 est en flammes

le pilote annonce qu'il ne contrôle plus l'appareil

'moteur 4 en flammes'

- Répondez aux questions.

  - Où s'est passé l'accident?
  - Quelle est l'estimation du bilan de la catastrophe?
  - Combien y avait-il de personnes à bord?
  - Quelle est la cause de l'accident?

Les derniers mots du pilote: 'Nous tombons!'

d'après Reuter, AFP, AP et UPI

AMSTERDAM

'**N**ous tombons!' Telles furent les dernières paroles captées par l'aéroport d'Amsterdam avant que le Boeing 747 cargo ne s'écrase sur deux immeubles de la banlieue de Bijlmermeer.

Les sauveteurs continuaient hier de fouiller les décombres encore fumants, mais perdaient peu à peu tout espoir de retrouver des survivants.

Les autorités craignent que le bilan de la catastrophe de dimanche soir ne dépasse 250 morts – ce qui constituerait le nombre le plus élevé de victimes au sol de toute l'histoire des accidents aériens.

En milieu d'après-midi hier, les sauveteurs n'avaient retrouvé que six corps.

'C'est un désastre qui bouleverse tout le pays' a déclaré le premier ministre Ruud Lubbers, qui a accompagné la reine Béatrix sur les lieux de la catastrophe.

Le Boeing 747-200F de la compagnie israélienne El Al, qui comptait quatre personnes à bord et transportait 114 tonnes de fret, s'est écrasé, peu après son décollage, sur deux grands immeubles du quartier de Bijlmermeer, au sud-est d'Amsterdam où résident de nombreuses familles immigrées originaires d'Afrique et des Antilles.

Les responsables de l'aviation civile ont précisé que le Boeing avait perdu ses deux moteurs tribord peu après le décollage.

Conversations brouillées

- Récrivez ces 3 conversations dans l'ordre:

  - au commissariat de police
  - au bureau des correspondances
  - à la banque.

Je vais vous faire remplir une déclaration de vol

Bonjour Mademoiselle

Bonjour

Bonjour

Oui bien sûr Mademoiselle

Bonjour

Merci beaucoup au revoir

J'ai une correspondance pour Nice. Où dois-je aller?

Vous pouvez me montrer votre billet?

On m'a volé mon passeport et mon argent

Combien voulez-vous changer?

Voilà votre reçu et vos francs.

Oui bien sûr, le voilà

Un instant s'il vous plaît [..]
Alors le vol pour Nice part du Terminal B.
Vous allez à la porte no 32 et vous prenez le bus

Oui bien sûr. Un instant je vais demander le numéro de téléphone

Je voudrais changer des livres irlandaises en francs français s'il vous plaît

100 livres

Porte 32 Terminal B

Merci

Je voudrais contracter l'Ambassade d'Irlande s'il vous plaît.

Alors le taux de change est de 8,30 francs pour une livre. Cela vous fait 830 francs. Vous voulez signer ici s'il vous plaît.

Oui bien sûr

Evaluation

Résumé

Expression du temps

la semaine dernière · il y a 2 jours · hier · actuellement / en ce moment / aujourd'hui · demain · le lendemain · la semaine prochaine

ce matin/maintenant/cet après-midi

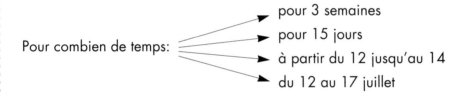

Pour combien de temps:
- pour 3 semaines
- pour 15 jours
- à partir du 12 jusqu'au 14
- du 12 au 17 juillet

Verbes + infinitif

Verbe + à + infinitif

EXEMPLE   Je commence à comprendre.

Verbe + de + infinitif

J'ai choisi de partir en avion.

Verbe + verbe

J'aime aller au cinéma.

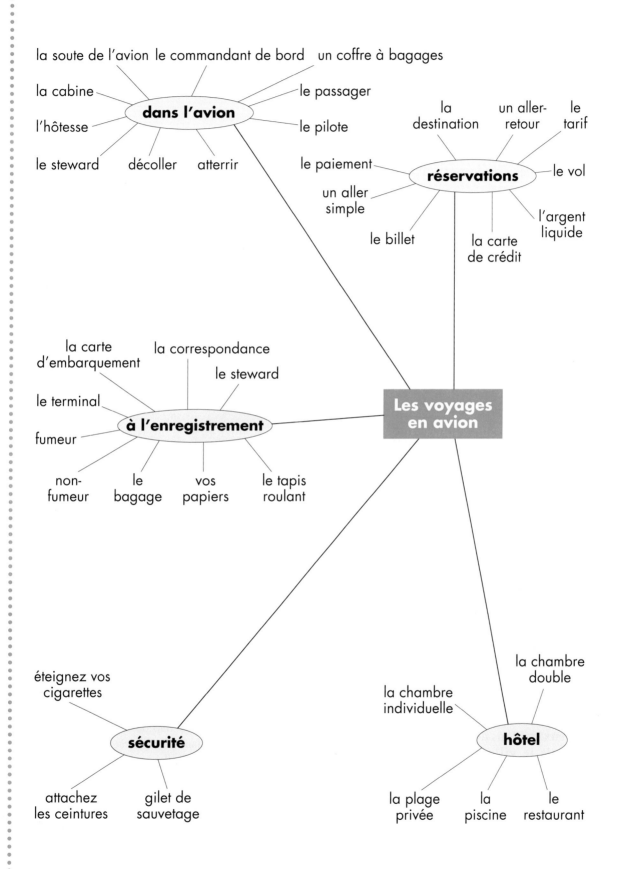

- Combien de touristes visitent le Mont-Saint-Michel et qui sont-ils pour la plupart?
- Qu'est devenu le Mont-Saint-Michel à la révolution?
- Pourquoi le Mont-Saint-Michel est-il un symbole?
- Quelle est la particularité de la pêche au Mont-Saint-Michel?
- Quel danger menace le Mont-Saint-Michel?

VOYAGE
AU MONT-SAINT-MICHEL

Un îlot de granit entouré de sable et des eaux de la Manche. Une abbaye très ancienne avec, à 157 mètres au-dessus de la mer, la statue dorée de Saint Michel. Un village consacré au tourisme. Voici le Mont-Saint-Michel, une des merveilles du monde.

Le Mont-Saint-Michel accueille chaque année deux millions de touristes. Mais le village n'a que cent quatre-vingts habitants. J'ai rencontré beaucoup de monde, parmi eux le maire du Mont, Paul Vannier.

I: *Quelle est, pour vous, monsieur le Maire, la meilleure façon d'arriver au Mont-Saint-Michel?*

P. Vannier: Le Mont-Saint-Michel est une île toute petite et mesure moins d'un kilomètre! Mais c'est une île à plusieurs facettes. Lorsque vous arrivez par la mer, en bateau, elle ressemble à un bloc de granit sauvage.

Mais, si vous la découvrez par la route par cette longue digue qui la relie à la terre, vous êtes immédiatement charmé par l'extraordinaire abbaye surmontée de la statue de Saint Michel. C'est une véritable forteresse, vieille de plus de dix siècles.

Et tout autour du Mont, ce sont de grandes étendues sableuses très plates.

I: *Quelle est la saison idéale pour venir ici?*

P. Vannier: Si vous aimez la foule, le mouvement, venez plutôt à la belle saison: en mai et en septembre, à l'occasion de la Saint-Michel de printemps et d'automne, beaucoup de touristes passent dans l'unique rue du Mont.

En juillet, un grand pèlerinage à travers la baie rassemble de cinq à six mille personnes, des chrétiens venus pour prier, mais aussi beaucoup de touristes.

Par contre si vous préférez la solitude, il faut venir entre novembre et mars. C'est une époque de calme, où le Mont redevient un village.
Si le vent d'hiver souffle fort, et la mer claque sur les flancs du rocher, vous vous sentez alors vraiment seul, isolé du monde entier!

I: *Pourquoi le Mont-Saint-Michel est-il connu du monde entier?*
P. Vannier: La grande histoire du Mont-Saint-Michel commence en 708, quand l'évêque de la ville d'Avranches décide de dédier le Mont à Saint-Michel. Dès 966 des moines bénédictins s'y installent et bâtissent la première église. Très vite, les pèlerins arrivent. Au 13e siècle, c'est la construction de la 'Merveille' cette extra-ordinaire forteresse gothique que l'on voit de la mer. C'est là que logent les moines les pèlerins et les visiteurs reçus à l'abbaye.
Pendant trois siècles les constructions religieuses continuent sur le Mont, reflétant l'architecture de chaque époque. La Révolution française va transformer l'abbaye en prison
Depuis 1966 l'abbaye est redevenue vivante: une petite communauté religieuse y habite aujourd'hui.

I: *Toute l'abbaye est entourée de remparts. Pourquoi?*
P. Vannier: Au Moyen Age, le Mont était une place forte. Les Anglais s'y heurtaient souvent lorsqu'ils essayaient d'envahir la France. Les moines avaient donc intérêt à la défendre sérieusement!
D'ailleurs, pendant la guerre de Cent Ans, quand toute la France a été occupée par les Anglais, seul le Mont-Saint-Michel a résisté. Le Mont-Saint-Michel, c'est le symbole de la résistance nationale!

I: *On voit souvent le Mont-Saint-Michel entouré d'une immensité de sable. A quel moment est-il donc baigné par la mer?*
P. Vannier: Si vous voulez du sensationnel il faut venir aux grandes marées la mer vide alors à zéro, c'est-à-dire qu'elle ne peut pas se retirer plus loin. Elle découvre 600 kilomètres carrés. Elle part à 12 kilomètres vers le large. Quand elle revient la mer monte à 30 kilomètres/heure la vitesse d'un cheval au galop!
On l'entend arriver à plus de 500 mètres.

I: *La baie du Mont-Saint-Michel est donc dangereuse...*
P. Vannier: Vous savez, la baie, c'est comme une route: il y a des feux rouges à respecter. L'essentiel c'est de respecter les heures des marées.

I: *Que pêche-t-on dans la baie?*
P. Vannier: De janvier à juillet, on pêche le saumon et, à partir de juillet, quand la pêche au saumon est interdite, on se reconvertit dans la pêche à la crevette.
Mais, dans tous les cas, les pêcheurs pratiquent la pêche à pied. Ici on n'a pas de bateau.

I: *On dit souvent que la baie s'ensable de plus en plus, Arrivera-t-il un jour où la mer ne viendra plus du tout au Mont-Saint-Michel?*
P. Vannier: Il est vrai que la baie s'ensable.
C'est un phénomème tout à fait naturel, que l'on observe dans toutes les grandes baies.
Dans quelques dizaines d'années, le Mont se trouvera peut-être à l'intérieur des terres. Beaucoup de travaux sont à l'étude. Peut-être réussiront-ils à arrêter l'ensablement du Mont-Saint-Michel.

Les Misérables

Vous avez lu des extraits de la première partie des Misérables, Fantine. Vous avez fait la connaissance des personnages principaux de ce roman de Victor Hugo, Jean Valjean, Fantine, Javert, les Thénardier et bien d'autres. Vous avez suivi un homme qui veut faire le bien, qui veut aider les autres depuis sa rencontre avec un homme de Dieu, l'évêque de Digne. Cette rencontre et la bonté de l'évêque ont changé sa vie.

Vous pouvez lire la suite des aventures de Jean Valjean dans la deuxième partie des Misérables 'Cosette'.

Pour vous encourager à lire voici un petit résumé de l'histoire.

Jean Valjean réussit à aller chercher Cosette et à l'enlever aux Thénardier comme il l'avait promis à sa mère. Si vous lisez la suite vous découvrirez un des passages les plus célèbres du roman: la poupée de Cosette.

Jean Valjean et Cosette ne retournent pas à Montreuil-sur-Mer. Il prend l'enfant et va habiter à Paris. Il recommence sa vie en essayant toujours de faire le bien. Il élève Cosette comme si elle était sa fille. Si vous lisez la suite, vous rencontrerez Les Misérables de Paris, les amours de Cosette, la révolution et les barricades de Paris et le destin qui poursuit Jean Valjean...

(Textes en français facile..... Les Misérables 2 Cosette)

Grammaire

L'adjectif

- L'adjectif décrit un mot. Il s'accord en genre (masculin/féminin) et en nombre (singulier/pluriel).

masculin		féminin	
sing	plur	sing	plur
–	s	e	es

EXEMPLE   il est grand
ils sont grand**s**
elle est grand**e**
elles sont grand**es**

- L'adjectif de nationalité ne s'écrit pas avec une majuscule comme en anglais.

EXEMPLE   il est français
un Français

- La place de l'adjectif.
Très souvent l'adjectif se place après le nom.

EXEMPLE   elle a les yeux **verts**

Il y a cependant quelques exceptions

grand   petit   joli   mauvais   bon

EXEMPLE   j'ai une petite soeur

- L'adjectif après le verbe s'accorde.

EXEMPLE   elle est irlandais**e**
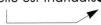

L'adjectif possessif

singulier		pluriel
masculin	féminin	masculin/féminin
mon	ma	mes
ton	ta	tes
son	sa	ses
notre		nos
votre		vos
leur		leurs

L'adjectif possessif s'accorde avec le nom qu'il qualifie.

EXEMPLE   un livre   – c'est **mon** livre

               une soeur   – c'est **ma** soeur

               des parents – ce sont **leurs** parents

Le comparatif/le superlatif

plus + adjectif (que)
moins + adjectif (que)
aussi + adjectif (que)

→ il est plus riche (que moi)
il est moins riche (que moi)
il est aussi riche (que moi)

le plus + adjectif
le moins + adjectif

→ il est l'homme le plus riche
il est l'homme le moins riche

L'adverbe

- L'adverbe modifie le sens du verbe.

EXEMPLE   je fais toujours la vaisselle
           je fais souvent la vaisselle

- Voici une liste d'adverbes courants.

de temps en temps	–	*from time to time*
souvent	–	*often*
toujours	–	*always*
jamais	–	*never*
beaucoup	–	*a lot*
mal	–	*badly*
bien	–	*well*
quelquefois	–	*sometimes*

- **-ment** est ajouté à l'adjectif féminin pour former un adverbe.

EXEMPLE   parfaite + -ment
           douce + -ment

- La place de l'adverbe est le plus souvent juste après le verbe.

EXEMPLE   je joue **souvent** au tennis

Si le verbe a un auxiliaire, l'adverbe se place entre l'auxiliaire et le verbe.

EXEMPLE   j'ai **souvent** joué au tennis

Questions

- Questions dont la réponse est oui/non.

il est malade?	pronom personnel + verbe + ... + ?
est-ce qu'il est malade?	Est-ce que + pronom personnel + verbe + ...+ ?
est-il malade?	Verbe + pronom personnel + ... + ?

- Questions avec pronoms interrogatifs.

Pour simplifier utilisez toujours ce schéma.

1 où (where)
quand (when)
comment (how)
combien (how/much, many)
que (what)
pourquoi (why)
qui (who)

⎱ + verbe + pronom personnel + ... + ?

où va-t-il?
quand part-il?
comment va t-il?
combien sont-ils?
que veut-il?
pourquoi part-il?
qui es-tu?

2 Quel(s)/Quelle(s) (which) + nom + verbe + pronom personnel + ?
+ verbe + nom + ?

quelle heure est-il?
quel âge a-t-il?
quelle est ta chanson préférée?

3 Qu'est-ce que + pronom personnel + verbe + ?

Qu'est-ce qu'il fait?

Les nombres

0 zéro	13 treize	30 trente	90	quatre-vingt-dix
1 un	14 quatorze	31 trente et un	91	quatre-vingt-onze
2 deux	15 quinze	38 trente-huit	100	cent
3 trois	16 seize	39 trente-neuf	101	cent un
4 quatre	17 dix-sept	40 quarante	102	cent deux
5 cinq	18 dix-huit	50 cinquante	200	deux cent
6 six	19 dix-neuf	60 soixante	201	deux cent un
7 sept	20 vingt	70 soixante-dix	202	deux cent deux
8 huit	21 vingt et un	71 soixante et onze	300	trois cents
9 neuf	22 vingt-deux	72 soixante-douze	972	neuf cent soixante-douze
10 dix	23 vingt-trois	80 quatre-vingts	1000	mille
11 onze	24 vingt-quatre	81 quatre-vingt-un	2000	deux milles
12 douze	25 vingt-cinq	83 quatre-vingt-trois	1 000 000	un million

Les jours et les heures

lundi		à six heures
mardi	matin	à six heures dix
mercredi		à trois heures et quart
jeudi	après-midi	à quatre heures et demie
vendredi		à huit heures moins vingt
samedi	soir	à neuf heures moins le quart
dimanche		à dix heures et demie

Les mois de l'année

janvier	avril	juillet	octobre
février	mai	août	novembre
mars	juin	septembre	décembre

Les saisons

le printemps	*spring*	au printemps	*in spring*
l'été	*summer*	en été	*in summer*
l'automne	*autumn*	en automne	*in autumn*
l'hiver	*winter*	en hiver	*in winter*

Les prépositions

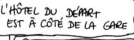

sur	*on*	les sandwiches sont sur la table
dans	*in*	le chat est dans la boîte
sous	*under*	le cartable est sous la chaise
devant	*in front of*	les clés sont sur la table devant la glace
derrière	*behind*	les bottes sont derrière la porte
en face de	*opposite*	le Café des Sports est en face du stade
à côté de	*beside*	l'Hôtel du Départ est à côté de la gare
loin de	*far from*	j'habite loin de l'école
près de	*near*	la pharmacie se trouve près de la gare
au milieu de	*in the middle of*	il y a une table au milieu de la pièce
chez	*at*	il est chez son frère

Les pronoms objets

- me, te, le, la, les, nous, vous (objet direct).

EXEMPLE il **me** voit (me)
il **te** voit (you)
il **le/la/les** voit (him/her/them)
il **nous** voit (us)
il **vous** voit (you)

ATTENTION à l'accord au passé composé avec avoir.

EXEMPLE il les a vu**s** (les = Pierre et Jean)

- me, te, lui, leur, nous, vous (objet indirect)

EXEMPLE je lui donne des exercices

- Les pronoms objets indirects sont utilisés avec des verbes à préposition.

EXEMPLE parler à
téléphoner à
donner à
écrire à
plaire à

- L'ordre des pronoms (objet direct + objet indirect).

EXEMPLE il a donné un livre à Pierre
il le lui a donné

le = livre
lui = Pierre

LES VERBES

-er	-ir	-re
regarder (to look)	**finir** (to finish)	**vendre** (to sell)

Le présent

je regard**e**	je fin**is**	je vend**s**
tu regard**es**	tu fin**is**	tu vend**s**
il/elle/on regard**e**	il/elle/on fin**it**	il/elle/on vend
nous regard**ons**	nous fin**issons**	nous vend**ons**
vous regard**ez**	vous fin**issez**	vous vend**ez**
ils/elles regard**ent**	ils/elles fin**issent**	ils/elles vend**ent**

Vous pouvez utiliser le présent pour:

• parler d'une action/un état au moment présent.

EXEMPLE   je regarde la télévision

• décrire une action/un état qui arrive régulièrement.

EXEMPLE   je me lève le matin à 8 heures

• parler d'une action/d'un état qui va arriver dans un futur proche.

EXEMPLE   je vais en Irlande l'été prochain

Le passé composé

j'**ai** regard**é**	j'**ai** fin**i**	j'**ai** vend**u**
tu **as** regard**é**	tu **as** fin**i**	tu **as** vend**u**
il/elle/on **a** regard**é**	il/elle/on **a** fin**i**	il/elle/on **a** vend**u**
nous **avons** regard**é**	nous **avons** fin**i**	nous **avons** vend**u**
vous **avez** regard**é**	vous **avez** fin**i**	vous **avez** vend**u**
ils/elles **ont** regard**é**	ils/elles **ont** fin**i**	ils/elles **ont** vend**u**

aller *(to go)*	je suis allé(e)	lire *(to read)*	j'ai lu
avoir *(to have)*	j'ai eu	partir *(to leave)*	je suis parti(e)
boire *(to drink)*	j'ai bu	prendre *(to take)*	j'ai pris
dormir *(to sleep)*	j'ai dormi	sortir *(to go out)*	je suis sorti(e)
écrire *(to write)*	j'ai écrit	venir *(to come)*	je suis venu(e)
être *(to be)*	j'ai été	voir *(to see)*	j'ai vu
faire *(to do)*	j'ai fait	vouloir *(to want)*	j'ai voulu

Vous pouvez utiliser le passé composé pour parler d'événements passés.

EXEMPLE   hier soir, je suis allé au cinéma

ATTENTION

- à l'accord du participe passé avec le sujet (verbe être).
  Marianne est parti**e** en vacances

- à l'accord du participe passé avec le complément d'objet direct quand il est placé avant (verbe avoir).
  Je **les** ai rendu**s** (les = livres, masculin/pluriel)

L'imparfait

je regard**ais**	je finiss**ais**	je vend**ais**
tu regard**ais**	tu finiss**ais**	tu vend**ais**
il/elle/on regard**ait**	il/elle/on finiss**ait**	il/elle/on vend**ait**
nous regard**ions**	nous finiss**ions**	nous vend**ions**
vous regard**iez**	vous finiss**iez**	vous vend**iez**
ils/elles regard**aient**	ils/elles finiss**aient**	ils/elles vend**aient**

Vous pouvez utiliser l'imparfait pour

- décrire quelqu'un/quelque chose.

EXEMPLE   il **était** fatigué
           j'**allais** partir quand il a sonné

- décrire une action/un état qui arrive régulièrement dans le passé.

EXEMPLE   tous les dimanches, il **allait** à la messe

L'impératif

regard**e**	fin**is**	vend**s**
regard**ons**	finiss**ons**	vend**ons**
regard**ez**	finiss**ez**	vend**ez**

Vous pouvez utiliser l'impératif pour

donner un ordre	–	fermez la porte!
demander	–	passez-moi le sel!
encourager	–	allez la France!
donner des instructions	–	prenez à droite, puis à gauche …
persuader	–	achetez Bonus pour le blanc de votre linge!
conseiller	–	allez voir ce film, il est super.
inviter	–	viens manger, ce soir si tu veux.

Le futur

je regard**erai**	je fin**irai**	je vend**rai**
tu regard**eras**	tu fin**iras**	tu vend**ras**
il/elle/on regard**era**	il/elle/on fin**ira**	il/elle/on vend**ra**
nous regard**erons**	nous fin**irons**	nous vend**rons**
vous regard**erez**	vous fin**irez**	vous vend**rez**
ils/elles regard**eront**	ils/elles fin**iront**	ils/elles vend**ront**

aller *(to go)*	j'irai	faire *(to do)*	je ferai
avoir *(to have)*	j'aurai	pouvoir *(to be able to)*	je pourrai
devoir *(to have to)*	je devrai	venir *(to come)*	je viendrai
envoyer *(to send)*	j'enverrai	voir *(to see)*	je verrai
être *(to be)*	je serai		

Vous pouvez utiliser le futur pour parler d'une action/un état qui n'est pas encore arrivé.

EXEMPLE   demain, je prendrai l'avion

Le conditionnel

je regard**erais**	je fin**irais**	je vend**rais**
tu regard**erais**	tu fin**irais**	tu vend**rais**
il/elle/on regard**erait**	il/elle/on fin**irait**	il/elle/on vend**rait**
nous regard**erions**	nous fin**irions**	nous vend**rions**
vous regard**eriez**	vous fin**iriez**	vous vend**riez**
ils/elles regard**eraient**	ils/elles fin**iraient**	ils/elles vend**raient**

aller *(to go)*	j'irais	faire *(to do)*	je ferais
avoir *(to have)*	j'aurais	pouvoir *(to be able to)*	je pourrais
envoyer *(to send)*	j'enverrais	venir *(to come)*	je viendrais
être *(to be)*	je serais	vouloir *(to want)*	je voudrais

Vous pouvez utiliser le conditionnel pour

- exprimer une condition.

EXEMPLE   si j'étais riche, je ferais le tour du monde

- exprimer un voeu (wish).

EXEMPLE   cette année, j'aimerais gagner le Loto

- parler poliment.

EXEMPLE   je voudrais des informations sur Nice

Les verbes pronominaux

L'infinitif	Le présent	L'impératif	Le passé composé
se coucher	je **me** couche		je **me** suis couché(e)
(to go to bed)	tu **te** couches	couche-toi	tu **t'**es couché(e)
	il/elle/on **se** couche		il/elle/on **s'**est couché(e)(s)
	nous **nous** couchons	couchons-nous	nous **nous** sommes couché(e)s
	vous **vous** couchez	couchez-vous	vous **vous** êtes couché(e)(s)
	ils/elles **se** couchent		ils/elles **se** sont couché(e)s
s'amuser	je **m'**amuse		je **me** suis amusé(e)
(to enjoy oneself)	tu **t'**amuses	amuse-toi	tu **t'**es amusé(e)
	il/elle/on **s'**amuse		il/elle/on **s'**est amusé(e)(s)
	nous **nous** amusons	amusons-nous	nous **nous** sommes amusé(e)s
	vous **vous** amusez	amusez-vous	vous **vous** êtes amusé(e)(s)
	ils/elles **s'**amusent		ils/elles **se** sont amusé(e)s

L'infinitif	Le présent	L'impératif	Le passé composé	L'imparfait	Le futur	Le conditionnel
acheter (to buy)	j'achète tu achètes il/elle/on achète nous achetons vous achetez ils/elles achètent	achète achetons achetez	j'ai acheté	j'achetais tu achetais il/elle/on achetait nous achetions vous achetiez ils/elles achetaient	j'achèterai	j'achèterais
aller (to go)	je vais tu vas il/elle/on va nous allons vous allez ils/elles vont	va allons allez	je suis allé(e) tu es allé(e) il/elle/on est allé(e)s nous sommes allé(e)(s) vous êtes allé(e)(s) ils/elles sont allé(e)s	j'allais tu allais il/elle/on allait nous allions vous alliez ils/elles allaient	j'irai	j'irais
avoir (to have)	j'ai tu as il/elle/on a nous avons vous avez ils/elles ont	aie ayons ayez	j'ai eu	j'avais tu avais il/elle/on avait nous avions vous aviez ils/elles avaient	j'aurai	j'aurais
boire (to drink)	je bois tu bois il/elle/on boit nous buvons vous buvez ils/elles boivent	bois buvons buvez	j'ai bu	je buvais tu buvais il/elle/on buvait nous buvions vous buviez ils/elles buvaient	je boirai	je boirais

L'infinitif	Le présent	L'impératif	Le passé composé	L'imparfait	Le futur	Le conditionnel
connaître (to know [a person/place])	je connais tu connais il/elle/on connaît nous connaissons vous connaissez ils/elles connaissent		j'ai connu	je connaissais tu connaissais il/elle/on connaissait nous connaissions vous connaissiez ils/elles connaissaient	je connaîtrai	je connaîtrais
courir (to run)	je cours tu cours il/elle/on court nous courons vous courez ils/elles courent	cours courons courez	j'ai couru	je courais tu courais il/elle/on courait nous courions vous couriez ils/elles couraient	je courrai	je courrais
croire (to believe/ think)	je crois tu crois il/elle/on croit nous croyons vous croyez ils/elles croient	crois croyons croyez	j'ai cru	je croyais tu croyais il/elle/on croyait nous croyions vous croyiez ils/elles croyaient	je croirai	je croirais
devoir (to have to/ to owe)	je dois tu dois il/elle/on doit nous devons vous devez ils/elles doivent		j'ai dû	je devais tu devais il/elle/on devait nous devions vous deviez ils/elles devaient	je devrai	je devrais

L'infinitif	Le présent	L'impératif	Le passé composé	L'imparfait	Le futur	Le conditionnel
dire (to say)	je dis tu dis il/elle/on dit nous disons vous dites ils/elles disent	dis disons dites	j'ai dit	je disais tu disais il/elle/on disait nous disions vous disiez ils/elles disaient	je dirai	je dirais
dormir (to sleep)	je dors tu dors il/elle/on dort nous dormons vous dormez ils/elles dorment	dors dormons dormez	j'ai dormi	je dormais tu dormais il/elle/on dormait nous dormions vous dormiez ils/elles dormaient	je dormirai	je dormirais
écrire (to write)	j'écris tu écris il/elle/on écrit nous écrivons vous écrivez ils/elles écrivent	écris écrivons écrivez	j'ai écrit	j'écrivais tu écrivais il/elle/on écrivait nous écrivions vous écriviez ils/elles écrivaient	j'écrirai	j'écrirais
envoyer (to send)	j'envoie tu envoies il/elle/on envoie nous envoyons vous envoyez ils/elles envoient	envoie envoyons envoyez	j'ai envoyé	j'envoyais tu envoyais il/elle/on envoyait nous envoyions vous envoyiez ils/elles envoyaient	j'enverrai	j'enverrais

L'infinitif	Le présent	L'impératif	Le passé composé	L'imparfait	Le futur	Le conditionnel
être (to be)	je suis tu es il/elle/on est nous sommes vous êtes ils/elles sont	sois soyons soyez	j'ai été	j'étais tu étais il/elle/on était nous étions vous étiez ils/elles étaient	je serai	je serais
faire (to make/ to do)	je fais tu fais il/elle/on fait nous faisons vous faites ils/elles font	fais faisons faites	j'ai fait	je faisais tu faisais il/elle/on faisait nous faisions vous faisiez ils/elles faisaient	je ferai	je ferais
falloir (must/need/ have to)	il faut		il a fallu	il fallait	il faudra	il faudrait
lire (to read)	je lis tu lis il/elle/on lit nous lisons vous lisez ils/elles lisent	lis lisons lisez	j'ai lu	je lisais tu lisais il/elle/on lisait nous lisions vous lisiez ils/elles lisaient	je lirai	je lirais

L'infinitif	Le présent	L'impératif	Le passé composé	L'imparfait	Le futur	Le conditionnel
mettre (to put)	je mets tu mets il/elle/on met nous mettons vous mettez ils/elles mettent	mets mettons mettez	j'ai mis	je mettais tu mettais il/elle/on mettait nous mettions vous mettiez ils/elles mettaient	je mettrai	je mettrais
partir (to leave)	je pars tu pars il/elle/on part nous partons vous partez ils/elles partent	pars partons partez	je suis parti(e)	je partais tu partais il/elle/on partait nous partions vous partiez ils/elles partaient	je partirai	je partirais
pleuvoir (to rain)	il pleut		il a plu	il pleuvait	il pleuvra	
pouvoir (to be able)	je peux tu peux il/elle/on peut nous pouvons vous pouvez ils/elles peuvent		j'ai pu	je pouvais tu pouvais il/elle/on pouvait nous pouvions vous pouviez ils/elles pouvaient	je pourrai	je pourrais

L'infinitif	Le présent	L'impératif	Le passé composé	L'imparfait	Le futur	Le conditionnel
prendre (to take)	je prends tu prends il/elle/on prend nous prenons vous prenez ils/elles prennent	prends prenons prenez	j'ai pris	je prenais tu prenais il/elle/on prenait nous prenions vous preniez ils/elles prenaient	je prendrai	je prendrais
recevoir (to receive)	je reçois tu reçois il/elle/on reçoit nous recevons vous recevez ils/elles reçoivent		j'ai reçu	je recevais tu recevais il/elle/on recevait nous recevions vous receviez ils/elles recevaient	je recevrai	je recevrais
savoir (to know something)	je sais tu sais il/elle/on sait nous savons vous savez ils/elles savent		j'ai su	je savais tu savais il/elle/on savait nous savions vous saviez ils/elles savaient	je saurai	je saurais
sortir (to go out)	je sors tu sors il/elle/on sort nous sortons vous sortez ils/elles sortent	sors sortons sortez	je suis sorti(e)	je sortais tu sortais il/elle/on sortait nous sortions vous sortiez ils/elles sortaient	je sortirai	je sortirais

L'infinitif	Le présent	L'impératif	Le passé composé	L'imparfait	Le futur	Le conditionnel
venir (to come)	je viens tu viens il/elle/on vient nous venons vous venez ils/elles viennent	viens venons venez	je suis venu(e)	je venais tu venais il/elle/on venait nous venions vous veniez ils/elles venaient	je viendrai	je viendrais
voir (to see)	je vois tu vois il/elle/on voit nous voyons vous voyez ils/elles voient		j'ai vu	je voyais tu voyais il/elle/on voyait nous voyions vous voyiez ils/elles voyaient	je verrai	je verrais
vouloir (to wish/want)	je veux tu veux il/elle/on veut nous voulons vous voulez ils/elles veulent	veuillez	j'ai voulu	je voulais tu voulais il/elle/on voulait nous voulions vous vouliez ils/elles voulaient	je voudrai	je voudrais

Lexique

A
à la fois, at the same time
à l'aise, at ease
à l'étranger, abroad
à peine, just about
à travers, throughout
abîmer, to damage
abriter, to house/to shelter
accompagner, to go with
accueillir, to welcome
achat(m), purchase
actualités(f/pl), news
adolescence(f), teenage years
adroit, skilful
affaires(f/pl), business
aider, to help
ailleurs, elsewhere
air(m), look
Allemagne(f), Germany
Allemand(m), German
aller-retour(m), return ticket
aller simple(m), single ticket
allumer, to switch on
améliorer, to improve
amitié(f), friendship
ampoule(f), bulb
ange(m), angel
Angleterre(f), England
angoisse(f), anguish
août, August
apercevoir, to realise
appareil photo(m), camera
appartenir, to belong
appel(m), call/appeal
appeler, to call
appliqué, hard working
apporter, to bring
apprendre, to learn
apprentissage(m), learning
arbre(m), tree
argent de poche(m), pocket money
arrêter, to stop/to arrest
aspirateur(m), hoover
assainir, to purify
assez, enough
attacher, to tie/to fasten
atteindre, to reach
atterrir, to land
atterrissage(m), landing
attirer, to attract
au hasard, at random
au début, at the beginning
au sein, within
aucun, not any/none
aujourd'hui, today
autour de, around
autre(m), another
autrefois, long ago
aux puces(f/pl), flea market
avaler, to swallow
avant, before

avenir(m), future
avertir, to warn
avion(m), plane
avoir besoin de, to need to
avoir (du) mal, to be in pain
avoir envie de, to want/to fancy
avoir faim, to be hungry
avoir raison, to be right
avoir tort, to be in the wrong
avouer, to admit
avril, April

B
Bac, Leaving Certificate
bague(f), ring
bâiller, to yawn
bain(m), bath
baisser, to lower/to turn down
baladeur(m), walkman
balayer, to sweep
bande dessinée(f), comic strip
bande(f), group
banlieue(f), suburbs
bas(se), low
bâtiment(m), building
bâton(m), stick
beau/belle, beautiful
beau-père(m), stepfather/father-in-law
bébé(m), baby
belle-mère(m), stepmother/mother-in-law
bête, stupid
bêtise(f), stupidity
bien, well
bientôt, soon
bilan(m), assessment
billet(m), ticket
bisou(m), kiss
blanc, white
blanchissage(m), laundering
blesser, to hurt
blouson(m), jacket
boîte(f), nightclub
bon, good
bonbon(m), sweet
bonheur(m), happiness
botte(f), boot
bouche(f), mouth
boucher, to block
boucle d'oreille(f), earring
boulanger(m), baker
boulangerie(f), bakery
boulot*(m), work
bouteille(f), bottle
branché, in fashion/tuned in
bras(m), arm
bricolage(m), to do odd jobs
briller, to shine
bronzer, to get a tan
brouillard(m), fog
brouiller, to mix up
bruit(m), noise

brun, brown
bureau(m), office

C
c'est-à-dire, i.e.
ça ne suffit pas, it's not enough
cacher, to hide
cadeau(m), present
caleçon(m), leggings
calculatrice(f), calculator
cambriolage(m), break in
cambrioleur(m), burglar
capter, to pick up
carie(f), tooth decay
carrefour(m), crossroad
cartable(m), satchel
carte d'embarquement(f), boarding pass
casquette(f), cap
casser, to break
catcheur(m), wrestler
céder, to give up
ceinture(f), belt
célèbre, famous
célibataire(m/f), single person
chacun, each
chaîne(f), TV station
chaleur(f), heat
chambre(f), bedroom
champ(m), field
chanteur(m), singer
chapeau((m), hat
chasser quelqu'un, to send away
chat(m), cat
château(m), castle
chaussette(f), sock
chaussure(f), shoe
cheminée(f), fireplace
chemisier(m), blouse
cher/chère(m/f), expensive
chercher, to look for
chercheur(m), researcher
cheveux(m/pl), hair
chèvre(f), goat
chien(m), dog
chiffre(m), figure
choix(m), choice
chômage(m), unemployment
chose(f), thing
cimetière(m), cemetery
citation(f), quotation
clé(f), key
clochard(m), tramp
coeur(m), heart
coffre(m), overhead compartment
coin(m), corner
colère(f), anger
collier(m), necklace
colosse(m), giant
combat(m), fight
commandant de bord(m), captain

*familiar or slang words

comment, how
comportement(m), behaviour
comprendre, to understand
compris, included
comptable(m), accountant
concurrence(f), competition
conduire, to lead to
confier, to entrust
connaissance(f), knowledge
connaître, to know someone
conseil(m), advice
conseiller, to advise
contraire, opposite
contre, against
convenable, suitable
convenir, to suit
corps(m), body
correspondance(f), connecting flight
couche d'ozone(f), ozone layer
coucher, to put to bed
coudre, to sew
couler, to run
couloir(m), aisle
coupable, guilty
courant électrique(m), power
cours(m), lesson/class/period
couture(f), sewing
craindre, to fear
craquer, to crack up
cravate(f), tie
cri(m), cry
crier, to shout
crise cardiaque(f), heart attack
cuir(m), leather
cuisine(f), kitchen

D
d'abord, first of all
d'ailleurs, besides
d'habitude, usually
davantage, more
de temps en temps, from time to
  time
début(m), beginning
décevoir, to deceive
déchet(m), waste
déchirer, to tear
décidément, indeed
décollage(m), takeoff
décontracté, relaxed
dedans, inside
défaut(m), fault
défilé(m), fashion parade
défrichement(m), clearing land
dégât(m), damage
dehors, outside
déjà, already
délaissé, abandoned
demain, tomorrow
demi-frère(m), half brother
demi-pensionnaire(m/f), day
  boarder
demi-soeur(f), half sister
dent(f), tooth
dépaysement(m), disorientation
dépenser, to spend
déprime(f), depression

député(m), MP (Member of Parliament)
déranger, to disturb
dernière, last
derrière, behind
désespoir(m), despair
détruire, to destroy
deux roues(m), two-wheeled vehicle
devenir, to become
devoir(m), homework
devoirs(m/pl), duties
diffuser, to transmit
digne, worthy
digue(f), sea wall
dimanche(m), Sunday
discipline(f), subject
discuter, to talk to
divertir, to entertain
dizaine, ten
dodo*(m), sleep
dormir, to sleep
dos(m), back
douce, soft
douche(f), shower
droguerie(f), hardware store
droits de l'homme(m/pl), human
  rights
drôle, strange
du … au, from … to
du … jusqu'au, from … until
dur, hard
durcir, to harden
durée(f), length

E
eau douce(f), soft water/fresh water
échec(m), failure
échouer, to fail
éclairer, to light
écrivain(m), writer
effectif(m), pupil ratio
effet de serre(m), greenhouse effect
efficace, efficient
efficacité, efficiency
église(f), church
emballage(m), wrapping
emballer, to package
embrasser, to kiss
émetteur(m), transmitter-receiver
émission(f), broadcast
empêcher, to prevent
emploi du temps(m), timetable
emporter, to take away/to bring
emprunt(m), borrowing
emprunter, to borrow
en bas, downstairs
en cachette, secretly
en gros, roughly
en haut, upstairs
en moyenne, on average
en retard, late
en revanche, on the other hand/
  side
encore, more/again
endormi, sleepy
enfance(f), childhood
enfermer, to enclose
engluer, to lime

enlever, to take off
ennui(m), boredom
ennuyeux, boring
enquête(f), survey
enregistrement(m), check in
enregistrer, to record
enseignant(m), teacher
enseigner, to teach
ensemble, together
ensuite, then
entourer, to surround
entraîner, to lead
entre, between
entreprise(f), company
entretenir, to keep
envahir, to invade
enfant(m), child
envers, towards
environ, about
épais, thick
épaule(f), shoulder
épeler, to spell
époque(f), epoch, time
épreuve(f), test/test paper
équitation(f), horse-riding
erreur(f), mistake
escale(f), stopover
esclave(m), slave
Espagne(f), Spain
espèce(f), type
espoir(m), hope
essayer, to try
essence sans plomb(f), unleaded
  petrol
essence(f), petrol
établissement(m), school
étape(f), stage
Etats-Unis(m/pl), United States
été(m), summer
éteindre, to switch off
étendue(f), stretch
étiqueter quelqu'un, to label
  someone
étoile(f), star
étonnant, surprising
étonner, to be surprised
être à l'aise, to be comfortable
être au courant, to be informed
être courant, to be usual
être en panne, to run out of
être mal élevé, to be badly brought
  up
être prêt à, to be ready to
étude(f), study
événement(m), event
exclusion(f), expulsion
exercer, to practise
exigeant, demanding
exposé(m), project, work
exposition(f), exhibition
externe(f), day pupil

F
facile, easy
façon(f), way
faim(f), hunger
faire confiance à, to trust

faire les courses, to do the shopping
faire la vaisselle, to do the washing up
faires les vitres, to clean the windows
falsifier, to tamper with
fantôme(m), ghost
faute(f), mistake
fée(f), fairy
femme(f), wife
fer(m), iron
fermer, to close
feu(m), fire
feuille de papier(f), sheet of paper
feuilleter, to turn over the pages
feuilleton(m), serial
feux(m/pl), traffic lights
février, February
fier, proud
fille(f), daughter
fils(m), son
fin(f), end
fleur(f), flower
folie(f), madness
folle, mad
fond(m), bottom
fonder, to start, to set up
fonte des glaces(f), melting of the snow
forçat(m), galley slave, convict
force(f), strength
forfaitaire, all one price
fou(m), madman
fouiller, to search
foulard(m), scarf
foule(f), crowd
fourniture(f), supplies
frais, fresh
frapper, to hit
fringues*(f/pl), clothes
froid(m), cold
frontière(f), border

G
gagner sa vie, to earn a living
gant(m), glove
gaspillage(m), waste
gaspiller, to waste
gênant, embarrassing
gendarme(m), policeman
genoux(m), knee
gentiment, pleasantly
geste(m), gesture
gilet(m), cardigan
glacé, iced
gonfler, to blow
gourmandise(f), greediness
goût(m), taste
goutte(f), drop
grand, big
grandir, to grow up
gros(se), fat
guérir, to heal
guerre(f), war

H
habits(m/pl), clothes

haïr, to hate
haut, high
hebdomadaire, weekly
hébergement(m), lodging
héritage(m), inheritance
hier, yesterday
hiver(m), winter
honte(f), shame
horaire(m), timetable
hors, outside
hôte(m), host
hôtel de ville(m), city hall
humeur(f), mood

I
ici, here
immeuble(m), building
imperméable(m), raincoat
incendie(m), fire
infirmière(f), nurse
inquiétude(f), worry
inscrire, to write down
insomnie(f), sleeplessness
insouciant, carefree
instruire, to educate
insupportable, unbearable
interdire, to forbid
interrogation(f), examination
Irlande(f), Ireland
Italie(f), Italy

J
j'en ai marre, I have enough
jamais, never
janvier, January
jardin(m), garden
jaune, yellow
jet(m), throw
jeter, to throw
jeu(m), game
jeudi, Thursday
jeunesse(f), youth
jolie, pretty
joue(f), cheek
journal(m), newspaper
juillet, July
juin, June
jumelle(f), twin sister
jupe(f), skirt
jupon(m), slip
Jura(m), the Jura mountains
jurer, to swear
juste, correct

L
la plupart, most of
lac(m), lake
laid, ugly
laine(f), wool
laisser, to let/to leave
langue vivante(f), modern language
large(m), open sea
lasser, to tire
laver, to wash
le mien, mine
lendemain, next day

lentement, slowly
lèvre(f), lip
librairie(f), bookshop
libre, free
lieu(m), place
lin(m), linen
lire, to read
littoral(m), coastline
livre(f), pound
local(m), room/place
logement(m), housing
loin, far away
loubard(m), yobbo/lout
lourd, heavy
lumière(f), light
lundi, Monday
lunettes(f/pl), glasses
lutte(f), wrestling
lutter, to fight
luxe(m), luxury
lycéen(m), **lycéene**(f), secondary school pupil

M
magnétoscope(m), video player
mai, May
main(f), hand
maintenant, now
maire(m), lord mayor
mal de l'air(m), air sickness
malade(m/f), sick person
maladie(f), illness
malfaisant, evil
malgré, despite
malheur(m), misfortune
malheureusement, unfortunately
malheureux, unhappy
manger, to eat
manière(f), way of
manifestations(f/pl), festivals/events
manque de, lack of
manteau(m), coat
maquillage(m), make up
marcher, to walk
mardi, Tuesday
marée noire(f), oil slick
marée(f), tide
mari(m), husband
marinière(f), blouse
marmite(f), cooking pot
marque(f), label
mars, March
matière(f), subject
mauvais, bad
méchant, nasty
médicament(m), medicine
meilleur, better
mélange(m), mixture
même, same
menace(f), threat
mendier, to beg
mensuel, monthly
mentir, to lie
menton(m), chin
mer(f), sea
mercredi, Wednesday

*familiar or slang words

mère(f), mother
mère au foyer(f), housewife
métier(m), profession
metteur en scène(m), film/play director
mieux, better
mimer, to mime
mince, thin
minerai(m), ore
minuit, midnight
mobylette(f), moped
mode(f), fashion
mois(m), month
moitié(f), half
monde du spectacle(m), show business
monde(m), world
monnaie(f), change
montagne(f), mountain
montée(f), inflow
morceau(m), piece of
mort(f), death
moteur(m), engine
moulant, tightly fitting
mourir, to die
moyen(m), mean
muet, dumb

N
n'importe quoi, anything
n'importe, any
natation(f), swimming
néanmoins, nevertheless
neige(f), snow
netteté(f), cleanness
nettoyer, to clean
neuf, new
neveu(m), nephew
nez(m), nose
ni...ni, neither ... nor
nièce(f), niece
niveau de vie(m), standard of living
niveau(m), level
nocive, harmful
noir, black
nombreux, numerous
nombril(m), navel
nommer, to nominate
note(f), mark
nouer, to tie
nourriture(f), food
nouveau/nouvelle, new
nouvelle(f), news
nuit blanche(f), to be up all night/ not to sleep

O
obligatoire, compulsory
obtenir, to get
oeil(m), eye
ordinateur(m), computer
orfèvre(m), goldsmith
orthographe(f), spelling
oser, to dare
où, where
oublier, to forget
ouvert, open

ouvrier(m), worker

P
pain(m), bread
paix(f), peace
panneau(m), noticeboard
pantalon(m), trousers
papillon(m), butterfly
pareil, same
paresseux, lazy
parfaire, to complete
parfois, sometimes
partager, to share
pas encore, not yet
pas(m), step
pattes d'eph(f/pl), bell bottoms
pauvre(m), poor person
pauvreté(f), poverty
pays(m), country
Pays-Bas(m/pl), Holland
paysage(m), landscape
peau(f), skin
pêcher, to fish
peigne(m), comb
pellicule(f), film
pelouse(f), lawn
pensée(f), thought
perce-neige(m), snowdrop
perdre, to lose
personnage(m), character
personne(f), someone
perte(f), loss
petit écran(m), TV
petit, small
peuple(m), nation
peur(f), fear
phoque(m), seal
phrase(f), sentence
pièce(f), room
pile(f), battery
pimpant, smart
piscine(f), swimming pool
placard(m), press
plage(f), beach
plaindre, to complain
plaîre, to fancy/to like
planche à voile(f), windsurf
plancher sur un examen, to sit an exam
plat, flat
plat(m), dish
plein de, full of
pleurer, to cry
pleuvoir, to rain
plier, to fold
plusieurs, several
plutôt, rather
poche(f), pocket
poids(m), weight
poil(m), hair
poing(m), fist
poitrine(f), chest
pomme(f), apple
pont(m), bridge
porte(f), door
poser sa candidature, to apply for a job

poterie(f), pottery
poubelle(f), bin
poupée(f), doll
pour, for
pourquoi why
pourri, rotten
pourtant, however
pouvoir(m), power
première(f), year before last in school, 5th year
premièrement, at first
prénom(m), christian name
présentateur/présentatrice(m/f), speaker
presque, nearly
prêt, ready
prêter, to lend
prêtre(m), priest
prier quelqu'un, to beg
prière(f), prayer
prix(m), price
prochain, next
proche, close, near
profondément, deeply
propre, clean
provisions(f/pl), shopping
publicité(f), advertisement
puis, then
puisque, since

Q
quand, when
quartier(m), neighbourhood
quel(s)/quelle(s), what/which
queue de cheval(f), ponytail
qui, who
quitter, to leave

R
raccourcir, to shorten
raconter, to tell
ramasser, to pick up
rapide, quick
raser, to shave
rassembler, to gather
rattacher, to tie up
rattraper, to make up for
rayon(m), ray
raz de marée(m), tidal wave
réchauffer, to warm up
réclamer, to demand
reconnaître, to recognise
reçu(m), receipt
reculer, to step back
rediffusion(f), repeat showing
rédiger, to write
redoubler, to repeat
réduire, to reduce
regard(m), look/glance
régime(m), diet
rehausser, to raise
reine(f), queen
relevé de notes(m), result of exam
remettre, to put back on
remonter, to come from
remporter, to win
rencontrer, to meet

renoncer, to give up
renseignement(m), information
rentrée(f), beginning of class
renvoyer, to send away
répartir, to spread
repas(m), meal
reportage(m), documentary
représentant(m), salesman
résidence secondaire(f), country house
ressentir, to feel
rester, to remain
retrait(m), withdrawal
retrouver, to find again
réussir, to succeed
réussite(f), success
rêve(m), dream
rêver, to dream
rêverie(f), dream
rêveur(m), dreamer
revue(f), magazine
ride(f), wrinkle
rien, nothing
rigoler*, to laugh
rigoureux, strict
rigueur(f), rigour
rire, to laugh
rital*(m), italian
robe(f), dress
robinet(m), tap
roi(m), king
rouge, red
route(f), road
royaume(m), kingdom

S
s'abonner, to take out a subscription
s'amuser, to enjoy oneself
s'arrêter, to stop
s'écraser, to crash
s'enfermer, to lock oneself in
s'enfuir, to run away
s'ennuyer, to be bored
s'entendre avec quelqu'un, to get on well with someone
s'épanouir, to blossom
s'étonner, to be surprised
s'éveiller, to wake up
s'exprimer, to express yourself
s'habiller, to dress
s'occuper de, to take care of something
sable(m), sand
sac à main(m), handbag
sachet(m), bag
salé, salted
salle à manger(f), diningroom
salle de bains(f), bathroom
salon(m), sittingroom
salopette(f), overall
saluer, to salute
samedi, Saturday
sanctionner, to punish
sans, without
sans-abri(m), homeless person
santé(f), health
sauf, except

sauter, to jump
saveur(f), flavour
savoir, to know
savon(m), soap
se cacher, to hide
se chauffer, to warm oneself up
se cultiver, to broaden one's mind
se coiffer, to do one's hair
se coucher, to go to bed
se dérouler, to take place
se détendre, to relax
se foutre de, to make fun of
se gaver, to stuff oneself
se lever, to stand up/to get up
se nommer, to be called
se passer de, to do without
se pencher, to lean over
se plaindre, to complain
se remplir, to fill oneself up
se rendre compte, to realize
se reposer, to rest
se retirer, to go out
se révolter, to rebel
se sauver, to escape
se sentir, to feel
se soulever, to raise oneself
se taire, to keep silent
se tromper, to be mistaken
sec, dry
secours(m), help
séjour(m), stay
semaine(f), week
sentir, to smell
série(f), series
serré, tight
serre(f), greenhouse
serviable, helpful
servir, to use
seul, alone
sévère, strict
sida(m), aids
siècle(m), century
singe(m), monkey
sinon, or
soi-même, oneself
soie(f), silk
soigner, to care
soin(m), care
sol(m), floor
soleil(m), sun
sommeil(m), sleep
somnifère(m), sleeping pill
sondage(m), survey
sortir, to go out
souffler, to blow
soulier(m), shoe
soumettre, to submit
sourcil(m), eyebrow
sourd, deaf
sourire(m), smile
soute(f), luggage compartment
soutenir, to help
soutien-gorge(m), bra
souvent, often
stage(m), training course, (workshop)
studieux, studious
sucer, to suck

suffit, enough
Suisse(f), Switzerland
suivre, to follow
supporter, to stand
surmenage(m), overwork
surprendre, to surprise
surveillance(f), supervision
surveillant(m), supervisor

T
tableau(m), blackboard
tapis roulant(m), conveyor belt
tard, late
tarif(m), rate
tas de(m), lots of
téléspectateur(m), viewer
témoin(m), witness
tempête(f), storm
tenir, to hold
tenue(f), dress
terminale(f), last year in school, 6th year
terrain(m), land
terre(f), earth
tête(f), head
Tiers-Monde(m), Third World
tirer, to pull out
tissu(m), material
toit(m), roof
tomber, to fall
tondre, to mow
toujours, always
tourner un film, to shoot a film
tousser, to cough
tout de suite, immediately
tout à coup, suddenly
trajet(m), journey
travail(m), work
travaux ménagers(m/pl), housework
traverser, to cross/go through
trentaine, about thirty
très, very
tricher, to cheat
tricoter, to knife
trimestre(m), term
triste, sad
trop, too much
trou(m), hole
trouver, to find
tuer, to kill
tueur à gages(m), professional killer

U
une fois, once
usine(f), factory
utile, useful

V
vachement*, really
vaisselle(f), washing up
valoir, to be worth
variétés(f/pl), variety show
vedette(f), star
vendredi, Friday
vent(m), wind
véritable, true

*familiar or slang words